Andreas Haller / Lars Holzäpfel

Glass, Crumb und Co

Begegnungen mit Neuer Musik nach 1950
für die Sekundarstufe

Auer Verlag GmbH

Gedruckt auf umweltbewusst gefertigtem, chlorfrei gebleichtem
und alterungsbeständigem Papier.

1. Auflage. 2004
Nach der Neuregelung der deutschen Rechtschreibung

Satz: Fotosatz Buck, Kumhausen
Druck und Bindung: Ludwig Auer GmbH, Donauwörth
ISBN 3-403-0**4052**-6

Inhaltsverzeichnis

Verzeichnis der Hörbeispiele

Einleitende Gedanken

„Spannungsfeld“ Neue Musik

Ist es Ihnen nicht auch schon passiert, dass Sie gerne aus einem modernen Konzert gegangen wären oder vielleicht sind?

Sie ist ungewohnt, klingt anders, manchmal auch befremdlich, diese Neue Musik nach 1950!
Neue Musik provoziert, wird diskutiert und innoviert.
Wir begegnen ihr. – Im Fernsehen, im Kino, im Radio, in Konzerten, in der Zeitung, im weltweiten Netz.
Sie ist Kunst und Herausforderung – sie durchbricht traditionelle Hörerwartungen.
Sie beschreibt, hinterlegt, wird benutzt – in Szenen, im Spiel, im Leben: z.B. als Filmmusik im Kino, im Fernsehen oder bei Uraufführungen noch unbekannter Komponisten.
Sie ist keine Genussmusik im allgemeinen, sondern eine hörbare Herausforderung im speziellen, die unsere traditionellen Empfindungen berührt: An die Stelle des bisher so Vertrauten treten andere, unerwartete Strukturen. Aufgrund fehlender Hörerfahrung können zunächst Turbulenzen, sog. akustische Ungereimtheiten entstehen, die eine Erstbegegnung erschweren können.

Neue Musik bietet im Musikunterricht ungeahnte (didaktische) Möglichkeiten.

Im Bildungssektor sehen wir reelle Chancen, Neues einzubringen: In einer sich ständig veränderten Welt ist oft nur Neues „in“! Altes, das von Gestern ist, ist „Out“. Im Vergleich zu herkömmlicher, „klassischer“ Musik (Wer kennt nicht die beliebte Schüleräußerung: „Nicht schon wieder Mozart“!) ermöglicht Neue Musik Schülerinnen und Schülern andere Dimensionen: neugierige Entdeckung, eigenständige Produktion, Kreativitätsentfaltung, Vernetzung.
Unsere persönlichen schulpraktischen Erfahrungen haben im Musikunterricht meist eine wertfreie, gar euphorische Auseinandersetzung im Umgang mit Neuer Musik gezeigt. Die (Erst-)Begegnung mit Neuer Musik erzeugt bei Schülerinnen und Schülern Motivation in vielerlei Hinsicht: Sowohl bei der Reproduktion (Teilrealisation), Produktion, Transposition als auch bei Rezeption und Reflexion[1] von Neuer Musik wird ein besonderes Spannungsmoment erreicht. Neue Musik bietet besonders in diesen Bereichen neue Chancen, die wir nutzen können. Die Auseinandersetzung mit Neuer Musik will erlebt werden: Sie ist ungeahnt modern und aktuell ! Auch die musikalische Horizonterweiterung unter dem Gesichtspunkt ästhetischer Erziehung eröffnet Perspektiven für eine bewusste Aufgeschlossenheit gegenüber Neuem. Durch diese vielleicht überraschenden Einblicke werden auch neue Beurteilungskompetenzen im Bereich von Kunst und Kultur erreicht.

> *Sind wir als Bildungsinstitution nicht verpflichtet, neue Strukturen aufzuzeigen?*
> *Ist es nicht auch Aufgabe der Schule sich den Strömungen und damit Anforderungen unserer Zeit, die ständig Neues produziert, auseinander zu setzen?*

Welche Bildungsinhalte sind relevant und sollen deshalb vermittelt werden?

- Fachspezifische Inhalte
- Fächerübergreifende und fächerverbindende Inhalte
- Schlüsselqualifikationen
- Ästhetische Erziehung

Wir vertreten in Anlehnung an unsere Unterrichtserfahrungen mit Moderner Musik folgende Position mit diesem Unterrichtsgegenstand:

Faszination statt Provokation

Die zunächst unbekannte Musik soll die Schülerinnen und Schüler ansprechen, faszinieren, begeistern – deshalb wird eine Orientierung an der Lebenswelt der Jugendlichen angestrebt (zum Beispiel durch Einsatz von Videofilm, Computer und Instrumenten). Diese Art des Zugangs soll den Aufbau von Barrieren verhindern und Freude sowie Faszination an bisher unbekannten Elementen des Musikunterrichts auslösen.
Die ausgewählten Unterrichtsbeispiele sind bewusst gewählt, um einen Überblick und auch eine Auswahl von Stücken aus der Zeit nach 1950 zu bekommen. Alle Konzeptionen wurden mehrfach im Schulalltag in der Sekundarstufe und ergänzend in der Lehrerausbildung erprobt. Wir haben jedes einzelne Beispiel nach diesen – durch die Praxis ergebenen – Erkenntnissen angepasst und optimiert.
Selbstverständlich ist es uns bewusst, dass erst durch die individuelle „Duftnote“ der jeweiligen Lehrkraft das Vorgehen im Unterricht stimmig wird.
Ein weiteres Anliegen in unserer vorliegenden Konzeption und auch in unserer täglichen Arbeit im Musikunterricht ist die Verknüpfung fachimmanenter Ziele mit erzieherischen Lernzielen wie z.B. Selbsttätigkeit, Teamfähigkeit, Verantwortungsbewusstsein und sachgerechter Umgang mit Instrumenten.
Wir wünschen viel Freude beim Entdecken neuer Strukturen und gutes Gelingen in der Unterrichtsdurchführung!

Andreas Haller & Lars Holzäpfel

1 Vgl. Dankmar Venus

Zielgedanken

Erst das zielorientierte Arbeiten ermöglicht eine gute Unterrichtsqualität. Einige Impulse hierfür sollen bei der Themenauswahl helfen und den einzelnen Inhalten und Methoden eine Zielorientierung zugrundelegen.
Die Mehrdimensionalität von Musikunterricht kommt hierbei zum Ausdruck: Neben innermusikalischen Lernzielen werden auch überfachliche und pädagogisch-erzieherische Ziele verfolgt, die eine ganzheitliche Erziehung ausmachen.
Der Musikunterricht bietet Möglichkeiten, die Schülerinnen und Schüler auf verschiedenen Ebenen zu erreichen. Um diese Zugänge auch sinnvoll zu ermöglichen, ist eine präzise Formulierung der Zielsetzungen notwendig.

Kognitive Lernziele:
- Umgang mit musikalischen Grundkenntnissen.
- Verschiedene Stilrichtungen der Kunstmusik nach 1950 kennen lernen.
- Einblicke in Kompositionstechniken bekommen
- Arbeit mit Partituren: musikalische Grundkenntnisse durch Eintragen von Noten in die Partitur vertiefen.
- Erwerben eigener Beurteilungskompetenz im Bereich Musik durch Reflexion selbst produzierter Kompositionen: nur wer selbst handelt, hat die Möglichkeit eigenes und anderes Tun zu reflektieren.
- Instrumentenkunde und damit verbunden der sachgerechte Umgang mit Instrumenten.
- Fächerverbindung: Mathematik in der Musik.
- Klangliche Möglichkeiten von Instrumenten kennen lernen (z.B. des Klaviers, insbesondere bei zwei Klavieren).

Affektive Lernziele:
- Freude und Motivation am (gemeinsamen) Musizieren erfahren.
- Zugang zu Neuer Musik durch selbsttätiges Musizieren.
- Offenheit für Neues und Fremdes entwickeln; Auseinandersetzung mit Neuer Musik und deren Besonderheiten.
- Erweiterung des musikalischen Horizonts.
- Neue Musik als Kulturgut kennenlernen.
- Verbalisieren von Emotionen, Eindrücken und Empfindungen.
- Erfahrungen bei der Aufführung und Präsentation selbst erarbeiteter musikalischer Ereignisse.
- Schülerinnen und Schüler erwerben Schlüsselqualifikationen:

  a) Teamfähigkeit: Die Arbeit im Team ist wesentlicher Bestandteil nicht nur von Entwicklungsprozessen in der Industrie.
  b) Selbstständigkeit: Die Erziehung zur Selbständigkeit ermöglicht die Entfaltung der eigenen Persönlichkeit und trägt zur Stärkung des Individuums bei.

Soziale Lernziele:
- Die Schülerinnen und Schüler sollen in der Gruppenarbeit Zusammenarbeit erfahren und praktizieren.
- Gruppenregeln werden gemeinsam erstellt und eingehalten.
- Erziehung zur Selbstständigkeit und Rücksichtnahme.
- Gegenseitiger Respekt bei der Aufführung der einzelnen Gruppenergebnisse.
- Stärkung von Teamfähigkeit durch Gruppenarbeit.

Psychomotorische Ziele:
- Die Schülerinnen und Schüler sollen mit dem Schulinstrumentarium musizieren.
- Spieltechniken einzelner Instrumente werden geübt.

Didaktische Leitgedanken

In jeder Unterrichtskonzeption werden zahlreiche Lernfelder angesprochen. Dennoch können verschiedene Aspekte verstärkt in den Mittelpunkt rücken. Daher wird jeder Unterrichtseinheit eine kurze Auflistung in Form einer „Navigationsleiste" mit den jeweiligen Schwerpunkten vorangestellt. Entsprechend der Klassen- bzw. Schulsituation können dann bestimmte Unterrichtseinheiten gezielt ausgewählt werden.

Beispiele:

✓	Musizieren
	Kompositionstechnik
✓	Musikalische Grundkenntnisse
	Komponistenportrait
	Schulinstrumentarium
✓	Schülerinstrumente
✓	Fächerverbindung
✓	Soziales Lernen
5–7	Stundenumfang
**	Vorbereitung

Um zu verdeutlichen, was sich hinter den jeweiligen Punkten verbirgt, werden die einzelnen Schwerpunktfelder im Folgenden näher erläutert:

Musizieren
Eigenes Tun ermöglicht neue Zugänge der Erfahrung im Fachbereich Musik. Aktives Musizieren schult die Sensibilität und Aufmerksamkeit für die Musik, dementsprechend wird die Musik intensiver erfahren und kennen gelernt. Vertiefte Einblicke sind somit überhaupt erst möglich.

Kompositionstechnik
Einblicke in das Kompositionsverfahren ermöglichen eine Beurteilungskompetenz im Bereich Musik. In den Unterrichtsvorschlägen wird Wert darauf gelegt, dass die Schülerinnen und Schüler selbst zu Komponisten werden und dabei die Kompositionstechniken handelnd erfahren und damit genau kennen lernen. Innere Differenzierung wird dadurch erlangt, dass die Aufgabenstellungen dem individuellen Schülerniveau angepasst werden. Sie als Lehrperson können diese ganz einfach modifizieren, in dem Sie z.B. längere Sequenzen komponieren lassen oder mehrere Einzelstimmen zusammenführen usw. Dabei soll der eigenen Kreativität keine Grenze gesetzt werden. Auch Schülerinnen und Schüler selbst können herausgefordert werden, z.B. noch einen Anfang oder Schluss für ihre Komposition zu entwickeln.

Musikalische Grundkenntnisse
Musikalische Grundkenntnisse zu vermitteln ohne einen direkten Anwendungsbezug zu haben, ist oft sehr mühselig. Wir haben die Erfahrung gemacht, dass dieser Themenbereich im Kontext mit anderen Elementen des Musikunterrichts den Schülerinnen und Schülern richtig Spaß machen kann. So werden sie z.B. animiert, Noten zu lernen, weil sie damit komponieren werden. Auch die musikalische Umsetzung setzt Notenkenntnis voraus, so z.B. Notenwerte. Es wird versucht, hier möglichst viele Verbindungen herzustellen, sodass neben dem intentionalen Lernen ein inzidentelles Lernen erfolgt, das erwiesener Maßen einen großen Lernzuwachs ermöglicht.

Komponistenportrait
Die Begegnung mit dem Komponisten stellt einen weiteren Bezugspunkt zur Musik dar. Die Schülerinnen und Schüler lernen neben den Höreindrücken der Musikstücke auch die Person und deren Lebenswelt kennen, die diese Musik komponiert hat. Dementsprechend kann die Musik besser verstanden werden. Da es sich um zeitgenössische Musik handelt, kann den Komponisten noch näher begegnet werden wie z.B. über die Presse oder Websites im Internet.
In den vorliegenden Unterrichtskonzeptionen wird versucht, ein Bezug zu den Persönlichkeiten herzustellen, jedoch stehen diese Erarbeitungen nicht im Zentrum der Gesamtkonzeption, sondern tragen insgesamt zum Gesamtverständnis bei.

Schulinstrumentarium
Nicht alle Schulen verfügen über ein umfangreiches Schulinstrumentarium. Im Bewusstsein dessen wurde versucht eine möglichst flexible Konzeption zu entwickeln. Optimal ist ein vorhandenes Schulinstrumentarium für eine gesamte Schulklasse. Möglichst viele Schülerinnen und Schüler sollten die Möglichkeit haben, sich mit einem Instrument beteiligen zu können. Die in den Konzeptionen aufgeführten Instrumente sollten von Ihnen als Vorschläge verstanden werden und können auch jederzeit gegen andere ausgetauscht werden – inwieweit der Höreindruck darunter leidet oder sich sogar verbessert entscheiden Sie selbst.

Schülerinstrumente
Die Idee ist, Schülerinnen und Schüler, die ein Instrument spielen, aktiv einzubeziehen. Dabei sollen die eigenen Fähigkeiten eingebracht werden, eine Möglichkeit, die nur selten im Schulalltag zur Umsetzung kommt. Neben der besonderen Wertschätzung von außerschulischem, musikalischem Engagement wird auch das Klangbild im Klassenzimmer erweitert. Alle vorgeschlagenen Bausteine können auch mit eigenen Instrumenten umgesetzt werden. Aufgrund der Vielzahl unterschiedlicher Stimmungen vieler Instrumente wurde hier auf die Transposition in verschiedene Tonarten verzichtet.

Fächerverbindung
Die in unseren Unterrichtskonzeptionen vorkommenden Elemente der Fächerverbindung gehen stets vom Fach Musik als Leitfach aus.
Da im normalen Unterrichtsalltag oftmals organisatorische Barrieren eine Zusammenarbeit verhindern, haben wir uns hierbei auf einzelne Aspekte beschränkt. Fächerverbindung soll dementsprechend als Zusatz verstanden werden, die Durchführung der Gesamtkonzeption ist unabhängig davon möglich.

Soziales Lernen
Neben innermusikalischen Lerninhalten verfolgen wir mit unseren Konzeptionen auch überfachliche, pädagogisch-erzieherische Zielsetzungen. Soziales Lernen ist in der heutigen Zeit ein unerlässlicher Lern- und Trainingsinhalt. Erst im gemeinsamen Tun können soziale Umgangsformen erfahren und dann auch trainiert werden. Das gemeinsame Musizieren, insbesondere in Kleingruppen, bietet in den entsprechenden Unterrichtseinheiten die entsprechenden Möglichkeiten. Auf die Selbstständigkeit der Schülerinnen und Schüler wird dabei großen Wert gelegt.

Stundenumfang
Rückblickend auf zahlreiche Erfahrungen, haben wir versucht, die Stundenzahlen so zu formulieren, dass die Einheiten vollständig durchgeführt werden können. Die Angaben sollen eine ungefähre Orientierung geben.

Vorbereitung
Den verschiedenen Konzeptionen liegen recht unterschiedliche Vorbereitungsaufgaben der Lehrperson zugrunde. So ist es oftmals mit der bloßen Kopie eines Schülerarbeitsblattes nicht getan. Die Angaben sollen Ihnen grob vermitteln, was auf Sie zukommt – dies kann jedoch von Person zu Person ganz unterschiedlich wahrgenommen werden.
Dabei bedeutet ★ = leicht und schnell; ★★ = mittel und ★★★ = aufwändig und zeitintensiv.

Exkurs: MATERIALPAKET

Ein sogenanntes Materialpaket bezeichnet einen Din-A4-Umschlag, in dem alle für die (Gruppen-)Arbeit relevanten Materialien (z.B. Arbeitsauftrag, Partituren, Folien, Folienstifte) enthalten sind. Es entfällt damit die Ausgabe der Einzelmaterialien und beugt dem Verlieren dieser vor!
Wir empfehlen beim ersten Einsatz das Materialpaket, seinen Zweck und auch seinen jeweiligen Inhalt kurz zu erläutern bzw. vorzustellen.

Bewertungsschema für Präsentationen
Mit dem Bewertungsschema von S. 83 haben Sie und Ihre SchülerInnen die Möglichkeit, alle Präsentationen nach den angegebenen Punkten zu beurteilen.

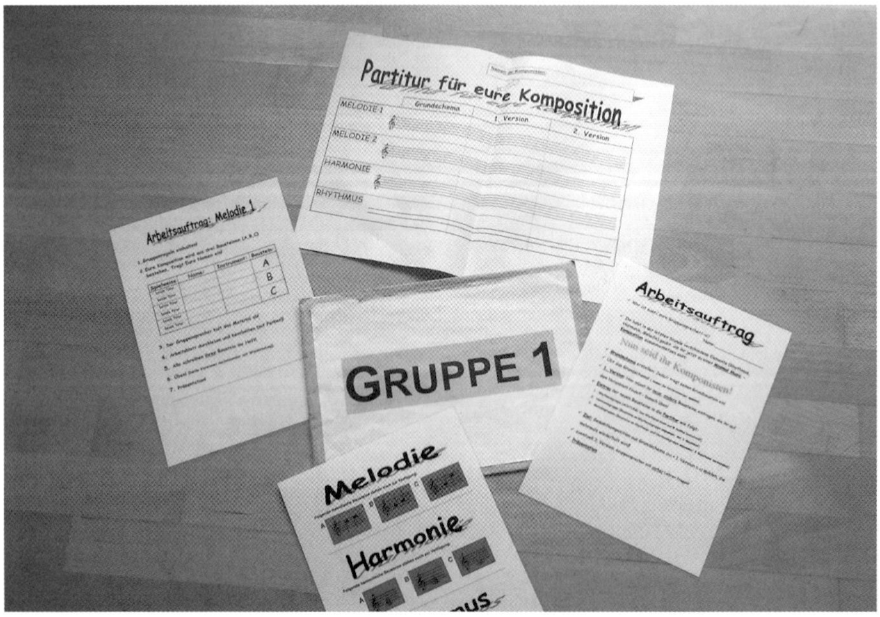

Musikwissenschaftliche Übersicht

Einleitung:

Das 20. Jahrhundert ist geprägt durch den Bruch mit der Tradition. Neben Veränderungen in der Bildenden Kunst gab es gravierende Tendenzen in der Musik. Zahlreiche Musik- und Kompositionsstile wie zum Beispiel Zwölftonmusik, Klang(flächen)musik, musique concrète, serielle Musik, elektronische Musik orientieren sich nicht mehr an der Tonalität. Sie nehmen nicht mehr Bezug auf ein tonales Zentrum, sondern sind gekennzeichnet durch Atonalität sowie Bi- und Polytonalität. Als Gegenströmung entstanden nach 1950 Kompositionsformen, die sich nur wenigen Mitteln bedienen und bewusst einfache, leicht nachvollziehbare Strukturen haben (Neue Einfachheit, Minimal Music).

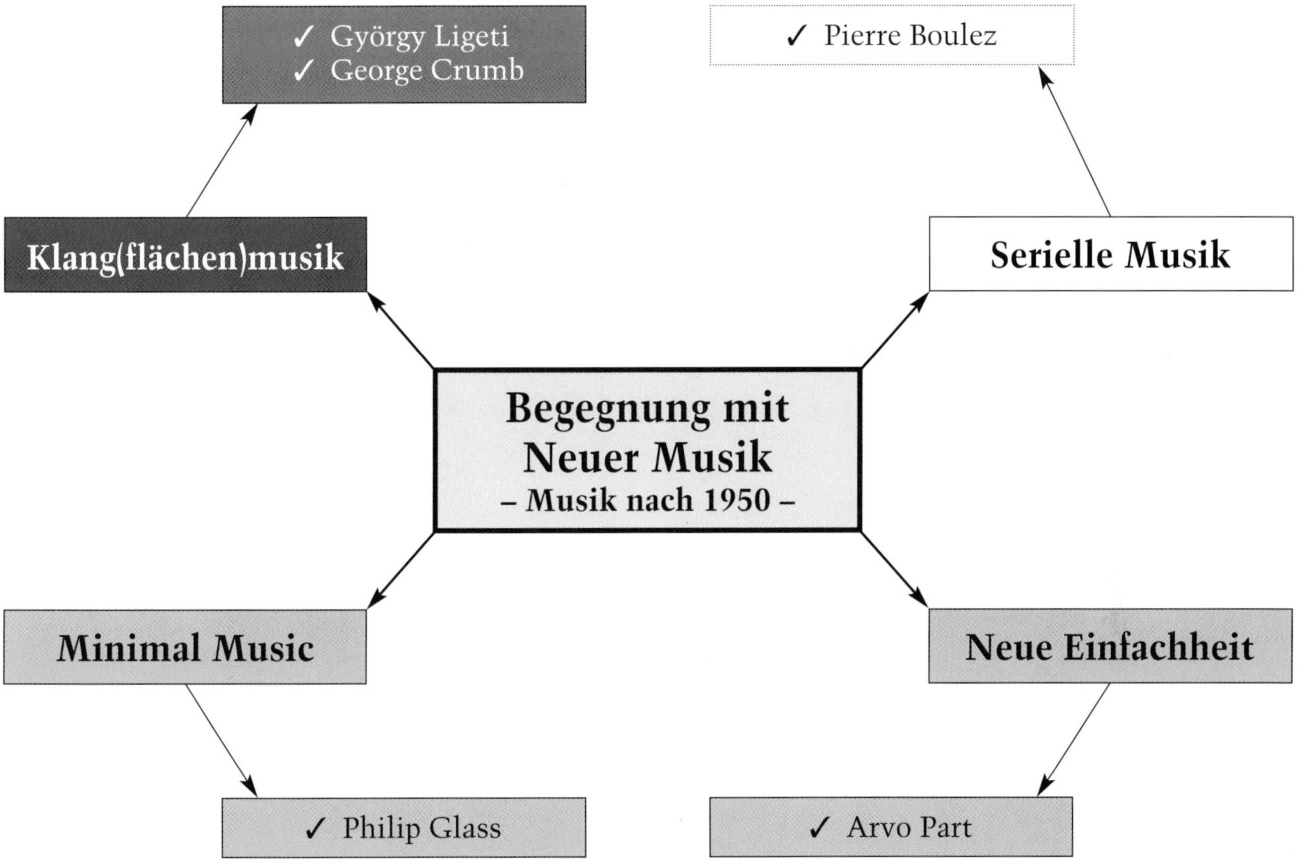

Unterrichtsbausteine

[A] Serielle Musik/Pierre Boulez

Der Anfang Serieller Musik ist in Olivier Messieans Werk *Mode de valeurs et d'intensités* zu sehen. Diese Komposition ist das Vorbild für die *Structures* von Pierre Boulez.

Die Besonderheit dieses Musikstils liegt in der Kompositionstechnik, die eine Weiterführung der 12ton-Reihenmusik Schönbergs ist. Während die bisherige Reihentechnik nur die Anordnung der Tonhöhen vorschreibt, werden bei der seriellen Technik die Parameter Tondauer, Lautstärke und Klangfarbe miteinbezogen.

Alle Klangparameter werden in einer Art „Fahrplan" bzw. „Reihenplan" erfasst. Als Grundlage für Messieans Klavierstück „Mode de valeurs et d'intensités" dienen – neben einer Skala mit 12 Anschlagsarten und einer mit sieben verschiedenen Intensitätsgraden – drei Zwölftonreihen, zusammen also 36 Töne. Dazu gibt es drei Rhythmusreihen, die aus 24 Tondauern bestehen. Innerhalb der Rhythmusreihen werden die Tondauern in gleichen Einheiten vergrößert. Jeder dieser Reihen ist ein „Vergrößerungsfaktor" zugeordnet mit dem von dem kleinsten Zeitwert ausgehend multipliziert wird. Die Anfangswerte sind in der ersten Reihe $\frac{1}{32}$, in der zweiten $\frac{1}{16}$ und in der dritten $\frac{1}{8}$. Unter den drei Reihen ergibt sich eine Proportion von 1:2:4.

Die verschiedenen Parameter werden einem Ton fest zugeordnet.

Als Merkmal Serieller Musik kann festgehalten werden, dass sie in jeglicher Hinsicht determiniert ist. Hierin liegt der entscheidende Unterschied zur früheren Zwölftontechnik, dort wurden nämlich die Reihen ausschließlich anhand der Tonhöhen erstellt.

Boulez ordnet einer beliebigen Reihe der 12 Töne Ziffern von 1 bis 12 zu. Ausgehend von dieser Grundreihe erhält er durch Transpositionen 11 weitere Reihen. Für die Schule ist eine Reduktion der Anzahl der Töne notwendig, deshalb werden wir an dieser Stelle etwas anders vorgehen als Boulez. Wir werden zuerst die magischen Quadrate erstellen und von da ausgehend den Notentext entwickeln. Der einzige Unterschied besteht in der Erstellung der magischen Quadrate, dies verfälscht jedoch nicht wesentlich den Kompositionsstil, ist jedoch im Sinne einer **didaktischen Reduktion** sinnvoll.

[B] Klangflächenmusik/György Ligeti

Der Komponist **György LIGETI** wurde am 28. Mai 1923 in Ungarn (in *Dicsöszentmárton/Siebenbürgen*) geboren.
Bereits mit zehn Jahren komponierte er seine ersten Werke. Ligetis Vorbild war sein Landsmann Béla Bartok (1881–1945). Er analysierte dessen Werke und entwickelte daraus seinen eigenen Kompositionsstil.
Nach seiner Schulausbildung studierte Ligeti an der Musikhochschule Budapest, wo er nach Beendigung seines Studiums Lehrbeauftragter für Harmonielehre, Kontrapunkt und musikalische Analyse wurde. Während dieser Zeit entstanden zwei Unterrichtswerke zur klassischen Harmonielehre, die noch heute in Ungarn verwendet werden.
Während seiner Studienzeit befasste er sich mit den Eigenarten der Kompositionen Bartoks und sammelte wie sein Vorbild Volkslieder aus Ungarn und Rumänien, die er in seine Kompositionen einflocht. Es entstanden Kompositionen mit Stilelementen von älterer und neuester Musik. Als weitere Vorbilder gab Ligeti in einem Interview Igor Strawinsky und Claude Debussy an.
Nach dem politischen Aufstand in Ungarn 1956 emigrierte Ligeti über Österreich nach Deutschland. In Köln kam er in Kontakt mit Komponisten, die die Musik jener Zeit stark beeinflussten.
Es gelang ihm durch Versuche im Elektronischen Studio des Westdeutschen Rundfunks in den Jahren 1957/58 neue, andersartige Kompositionen (*Glissandi* und *Artikulation*) zu entwickeln: „Ligeti überlagert besonders *Sekunden*, zerstört damit die Intervalle, eliminiert die Harmonik und hebt die gewohnte Rhythmik auf. So komponierte der den Klang in seiner Dichte, Struktur und Farbe, mit fließenden Übergängen von hell-dunkel, dicht-locker." (Michels 1991, 551)
Ziel der Experimente war, die Struktur der Klänge und die Gestalt eines Werkes neu zu bestimmen.
„In seinem Schaffen vollzieht sich die Wende zu einem ganz persönlichen Stil: Hinwendung vom „Ton" zum „Klang". (Knapp 1983, 155)
Nur wenige seiner in Ungarn komponierten Werke (u.a. das Streichquartett Nr. 1 *„Métamorphoses nocturnes"*) empfindet er für so gut, sie zu veröffentlichen.
Mit seinem im Westen komponierten Orchesterwerk *Apparitions* gelang Ligeti 1961 beim Weltmusikfest in Köln der erste international anerkannte Erfolg.
Seit 1959 hat Ligeti seinen Hauptwohnsitz in Wien. 1967 wurde er österreichischer Staatsbürger.
Heute ist Ligeti Professor für Komposition an der Musikhochschule in Hamburg.
Bedeutende Vertreter der **avantgardistischen Musik** neben Ligeti sind der Pole Krzysztof Penderecki und der Italiener Luciano Berio.

„ATMOSPHÈRES" ist ein kurzes Orchesterstück, das Ligeti 1961 komponierte.
Die Uraufführung der Komposition fand anlässlich der Musiktage für Neue Musik in Donaueschingen statt und wurde ein völlig unerwarteter, gar sensationeller Erfolg.
Ligeti äußerte sich wie folgt zu dieser Klangkomposition: Die Klangfarben sind die „primär formbildenden musikalischen Elemente."
Die Idee der Komposition ist folgende: Die Stimmen bewegen sich, und trotzdem steht der Klang im ganzen still.
Der Komponist hat dies einleuchtend mit dem Bild eines Waldes verglichen. Die einzelnen Blätter, die einzelnen Bäume wogen zwar hin und her, man nimmt aber doch den Wald als Ganzes war, der stehen bleibt. (...)
Für den Kompositionsakt bezeichnend ist: eine anfangs nur vage tonraumähnliche Idee, die des Clusters, wird mit großer Akribie (jeder Instrumentalist spielt eine eigene Stimme) in ein detailliertes Partiturbild übertragen, aber zu keinem anderen Zweck, als dass das erklingende Resultat wieder im Ungenauen verschwimmen soll. (Harald Kaufmann; in: Knapp 1983, 156)
Ligeti verzichtete „völlig auf Intervallprägnanz, rhythmisches Profil, durch hörbare Zeichnung und konzentrierte sich auf die Komposition des Klanges selbst, seiner Farbigkeit und seiner Dichte, seines äußeren Volumens und seiner internen Textur. Aus der Verflechtung einer Vielzahl – die Partitur umfasst 87 Systeme – von gesondert geführten, aber minuziös ineinander verzahnten Stimmen resultiert eine übersättigte polyphone Struktur von irisierender Statik." (Csampai/Holland 1989, 1187)
„Im Gesamten entsteht ein atmendes Wogen ohne Linearmelodik. An der bewegten Binnenstruktur der Klänge sind viele enggeführte Stimmen beteiligt: maximal geteilte Streicher und Bläser." (Michels 1991, 551)
Ligeti prägte für diese Satztechnik den Terminus ***Mikropoloyphonie***.

[C] Klangflächenmusik/George Crumb

George Henry Crumb, geboren am 24. Oktober 1929 in Charleston/West Virginia, entstammt einer Musikerfamilie. Sein Vater arbeitete als Klarinettist, Arrangeur und Kopist und leitete zeitweise ein Stummfilmorchester; seine Mutter spielte 25 Jahre lang Cello im Charleston Symphony Orchestra. Mit sieben Jahren erhielt Crumb seinen ersten Klarinettenunterricht, mit neun wandte er sich dem Klavier zu, wobei familiäre Hausmusik seine Jugend prägte. Erste Kompositionen entstammen den Jahren 1939/40: provinzielle Stilkopien eines von der aktuellen Entwicklung unberührten, aber mit dem klassisch-romantischen Repertoire vertrauten Autodidakten. Während der High School-Zeit (1944–47) entstanden erste symphonische Versuche („Poem" und „Gethsemane", beide vom Charleston SO aufgeführt). Anschließend studierte Crumb am Mason College of Music and Fine Arts in Charleston Klavier und Komposition (Bachelor of Music 1950). 1949 heiratete Crumb die Pianistin Elizabeth May Brown (geb. 1928); seit 1951 vervollständigte er seine Ausbildung an der University of Illinois, wo er auch Unterricht auf der Viola nahm (Master of Music 1952). 1953–55 studierte er an der University of Michigan (Ann Arbor) bei Ross Lee Finney, in dessen Seminaren Bartók, Strawinskij und die Wiener Schule im Zentrum standen.

1955 lernte Crumb beim Berkshire Music Festival in Tanglewood Boris Blacher kennen, bei dem er daraufhin 1955–56, gestützt auf ein Fulbright-Stipendium, in Berlin studierte – ohne wesentliche kompositorische Konsequenzen. Nach der Rückkehr schloss er 1959 mit „Variazioni" für Orchester seine Studien in Ann Arbor ab (Doctor of Music).

Bis 1964 folgten Jahre der Lehrtätigkeit (Klavier und Komposition) an der University of Colorado in Boulder. Hier entstanden die ersten von Crumb als vollgültig eingestuften Werke (ab „Five Pieces for Piano", 1962), die nun auch experimentelle Techniken einbezogen.

Seit 1965 unterrichtet Crumb Komposition an der University of Pennsylvania (Annenberg-Lehrstuhl 1983); seit dieser Zeit lebt er in Media (bei Philadelphia). Mit den „Madrigals Books I/II" (1965) sowie den 11 Echoes of Autumn (1966) wurde seine Musik allmählich allgemeiner bekannt; in „Songs, Drones and Refrains of Death" (1968; Pulitzer-Preis) setzte er erstmals elektrisch verstärkte Instrumente ein, was fortan seine Werke prägte: „Black Angels" für elektrisch verstärktes Streichquartett (1970) wurde zum ersten größeren Breitenerfolg.

Ab 1972 wurde Crumb auch außerhalb Amerikas bekannter; Preise und Auszeichnungen (u.a. Rockefeller 1964, Guggenheim 1967, Unesco 1971, Ford Foundation 1976, Monaco 1989, Aufnahme in das National Institute of Arts and Letters 1975, sechs Ehrenpromotionen, korrespondierendes Mitglied der Akademie der Künste Berlin/West und der International Cultural Society of Korea), aber auch zahlreiche Choreographien nach seinen Werken belegen dies. Zu einem seiner größten Erfolge wurde die Uraufführung des Orchesterwerks „Star-Child" unter Pierre Boulez (New York 1977).

[D] Klangflächenmusik/Arvo Pärt

Arvo Pärt (*1935) stammt aus Estland, einem inzwischen eigenständigen Staat in der damaligen UdSSR. Er arbeitete in der Hauptstadt Tallinn als Tonmeister beim Estnischen Rundfunk. Gleichzeitig studierte er Kompositionslehre bei Heino Eller und schrieb in dieser Zeit die ersten estnischen Zwölftonstücke. Mit dem Abschluss seines Studiums im Jahre 1963 begann eine zweite Phase in Pärts Schaffen, in der er die Technik der Collage verwendete. Sein bekanntestes Werk aus dieser Zeit, ist die Collage „Sur B.A.C.H." (1964); hier vereinen sich barocke Elemente mit neuen, (post)modernen Ideen.
Im Jahre 1968 „verstummte" Pärt, der in der Collagetechnik nur noch bloßes Zitieren sah, und widmete sich in den nächsten acht Jahren hauptsächlich dem Studium mittelalterlicher Musik.
Erst 1976 fand er zum Komponieren zurück und zu dem Stil, der seine Musik seitdem geprägt hat. Er selbst bezeichnete diesen „neuen alten" Stil als Tintinnabuli-Technik (von lat. tintinnabulum: Glöckchen) – ein glockenhaft tönender Dreiklang bildet den Tonvorrat für einfachste Melodieführungen eines Teils der Stimmen. Nicht Virtuosentum steht im Vordergrund, sondern Klarheit, handwerkliche Präzision und eine Intensität, die aus der Einfachheit entsteht.
Diese Art der Komposition entstand nicht zuletzt auch aus der Überzeugung heraus, dass „alle Musik im Innersten religiös" sei – eine Einstellung, die in der UdSSR allerdings zu immer stärkeren Behinderungen für Arvo Pärt führte, so dass er in schließlich sein Heimatland verließ und sich nach Aufenthalten in Israel und Wien 1981 in Berlin (West) niederließ.

Seine Musik scheint aus der Ferne, ja geradezu von einer anderen Welt zu kommen. Sie ist schlicht, ruhig, klar und einfach strukturiert; für den Hörer zunächst ungewohnt, doch spannend und ergreifend – so auch das Stück „Sarah was ninety years old". Die Synthese aus Djembénklänge und dem Chorgesang im Stil eines gregorianischen Chorals macht sowohl auf musikalische Weltoffenheit als auch auf religiöse Einflüsse aufmerksam.
Das 1977 entstandene Musikstück „Sarah was ninety years old" komponierte er für zwei Djembén, drei Solostimmen (Sopran, Tenor, Tenor) und Orgel. Es treten zwei Elemente unterschiedlichen musikalischen Charakters in Dialog: Zum einen die pulsierenden Djembénschläge, zum anderen der in Dreiklangsparallelen erklingende Chorsatz im Stile eines gregorianischen Chorals. Gerade diese klanglichen Gegensätze erzeugen bei den Schülerinnen und Schülern Neugier und musikalisches Interesse.
Insbesondere das perkussive Element hat Aufforderungscharakter: Die Schülerinnen und Schüler können im Sinne Pärts Kompositionsverfahren eigene Kompositionen erstellen und selbst musikalisch umsetzen.

[E] Klangflächenmusik / Philip Glass

Als Gegenströmung zu atonaler/atonikaler Musik entstanden in den 60er Jahren in den Vereinigten Staaten von Amerika Kompositionen, dessen Komponisten (Glass, Reich, Riley, Young) sich bewusst einfachen musikalischen Mitteln bedienten. Es sind einfache, sich nur minimal verändernde melodische und rhythmische Muster mit flächenhafter Wirkung sowie ständiger Wiederholung, die z.B. durch Dreiklangbrechungen *(arpeggieren)* beim Hörer meditativen Charakter erreichen sollen: ***minimal music***. Sie entwickelte sich parallel zu der mit wenigen Elementen arbeitenden „minimal art".
Seit Mitte der 60er Jahre wird der Begriff ***minimal music*** (*minimalism, minimalist music*) meist synonym für die Musik von La Monte Young, Terry Riley, Steve Reich und Philip Glass verwendet und dient dazu, die unterschiedlichen Strömungen und Ansätze mit einem einzigen schlagkräftigen Begriff zu kennzeichnen.
Es wird dabei mit kleinsten, ständig wiederholten, bewusst uncharakteristischen Motiven (*patterns*) gearbeitet. Diese werden unaufhörlich von mehreren gleichartigen Klangquellen vorgetragen, wobei minimale Verschiebungen des jeweiligen Motivbeginns vorgenommen werden.
Durch dieses von Steve Reich „phase shifting" genannte Verfahren entstehen kombinierte Muster. Langsame, genau berechnete Veränderungen der Einsatzabstände bewirken allmähliche *Graduationsprozesse*. Die Herstellung dieser Prozesse schließt jegliche Improvisation aus, die Komponisten arbeiten mit minuziöser Genauigkeit. Die Arbeit mit *repetitiven* Pattern und Experimente mit Hilfe von Bandschleifen (tapeloops) im Studio belegen einen engen Zusammenhang zur Entwicklung der elektroakustischen Musik. Eine Abgrenzung zum Serialismus fällt oft schwer.
Philip Glass wurde am 31. Januar 1937 in Baltimore geboren. Nach dem Musikstudium lernte er auf Reisen nach Indien und Afrika die dortige Musik kennen. Zurück in New York gründete einen eigenen Klangkörper, das „Philip Glass Ensemble", mit dem er zahlreiche seiner Kompositionen aufführte. Er gilt heute als einer der stilprägenden Komponisten der Minimal Music, die er mit Komponenten aus zentralasiatischer und indischer Musik verbindet.
Seinen „Durchbruch" hatte er 1976 mit der Oper *Einstein on the Beach*, die als Meilenstein in der Entwicklung der modernen Oper gilt. Bis heute schrieb Glass zahlreiche weitere Opern, Stücke für sein Ensemble, Ballettmusiken, Orchesterwerke. Einem viel breiteren Publikum wurde er aber als Filmkomponist bekannt, angefangen vom Kultfilm *Koyaanisqatsi* (1982) über *The Truman Show*, die beklemmende Vision einer futuristischen „soap opera"-Welt (1998) bis zum ganz neuen Oscar-nominierten poetischen Film *The Hours*. So ist Philip Glass heute wahrscheinlich der weltweit bekannteste Komponist von „E-Musik".
Weitere Informationen findet man über ihn auf seiner eigene Web-Seite www.philipglass.com.

Serielle Musik/Pierre Boulez

Baustein A

Stilrichtung:	**Serielle Musik**	✓	Musizieren
		✓	Kompositionstechnik
		✓	Musikalische Grundkenntnisse
Komponist:	**Pierre Boulez**		Komponistenporträt
		✓	Schulinstrumentarium
			Eigene Schülerinstrumente
Thema:	**Begegnung mit der Kompositionstechnik serieller Musik**	✓	Fächerverbindung
		✓	Soziales Lernen
		4–6	Stundenumfang
		*	Vorbereitung

Möglicher Verlauf der Unterrichtseinheit:

Einführung

Höreindrücke, Phantasiereise; Unterrichtsgespräch.
Charakterisierung der Musik: „geplant oder zufällig?".
Verbalisieren der Eindrücke unter Verwendung von Fachbegriffen.

Hefteintrag

Lehrerinput.

Analyse

Einblicke in die Kompositionstechnik durch Erstellung magischer Quadrate.
Arbeit mit dem originalen Notentext.

Musizieren

Erstellen eigener Kompositionen aufgrund selbst konzipierter magischer Quadrate in Kleingruppen. Differenzierung ist möglich durch zusätzliche Vorgaben; Veränderungen i.S. einer anspruchsvolleren Aufgabenstellung sind für die Lehrperson schnell und einfach umzusetzen.

Präsentation

Vortragen der erarbeiteten Musikstücke.

Weitere Möglichkeiten/Besonderheiten:

Computereinsatz: Kompositionen können auch über den PC erstellt und abgespielt werden.
Fächerverbindung zu Mathematik: Anwendung von Algorithmen zur Lösung der Problemstellungen im magischen Quadrat.

Erstbegegnung mit Serieller Musik

„Geplant oder zufällig?" – begleitet von dieser Fragestellung wird das entsprechende Musikbeispiel eingespielt.
Zunächst sollen die Schülerinnen und Schüler sich frei auf diese für sie noch unbekannte Musik einlassen können. Die Ausgangsfragestellung führt schließlich direkt in die Thematik ein.
Je nach Voraussetzungen der Klasse kann diese Erstbegegnung mit einer Fantasiereise unterstützt werden. Hierzu muss erwähnt werden, dass Fantasiereisen nicht immer sinnvoll sind und stark von der jeweiligen Klassenzusammensetzung abhängen. Nach Möglichkeit sollte diese Methode den Schülerinnen und Schülern bereits vertraut sein, um die Konzentration auf den Inhalt zu lenken und nicht auf die Methode. Die Musik wird eingespielt und ggf. etwas ausgeblendet während die Lehrperson spricht.

Vorschlag für die Fantasiereise „Serielle Musik":
(Jede Fantasiereise sollte in drei Phasen gegliedert sein: Einstieg – Hauptteil – Ausstieg)

Einstieg:
Setzte dich bequem auf deine Platz ... atme ruhig ... schließe die Augen ... entspanne dich ... spüre das Gewicht deiner Arme ... spüre den Stuhl, auf dem du sitzt ... und spüre mit deinen Füßen den Kontakt zum Boden ... atme weiterhin ganz langsam und ruhig ... fühle dich rundum wohl ...

Hauptteil:
... konzentriere dich nun auf die Musik ... welche Stimmung löst sie in dir aus? ... welche Bilder kommen dir dabei in den Kopf? ... verbindest du vielleicht irgend ein Erlebnis damit? ... oder hast du eine ganz bestimmte Farbe vor Augen? ... Hast du das Gefühl, alles passiert zufällig? ... ungeplant? ... spontan? ... Vielleicht fühlst du aber auch etwas ganz anderes ... eine Systematik ... Planung ... Struktur ... Entscheide dich nun für einen Weg ... lass deinen Gedanken hierzu freien Lauf ...

Schluss (Ausstieg):
Kehre nun langsam wieder zurück ... nehme den Raum wahr ... strecke dich ... öffne nun auch langsam die Augen ...

Ein darauf folgendes Unterrichtsgespräch sollte die zentrale Frage nach „Wille" oder „Zufall" in der Musik beinhalten.

Nach dem Einstieg ist ein Unterrichtsgespräch über die erlebte Fantasiereise sinnvoll. Schülerinnen und Schüler sollen lernen, ihre Höreindrücke zu verbalisieren. Erfahrungen haben gezeigt, dass Schülerinnen und Schüler häufig Schwierigkeiten haben, Musik zu beschreiben bzw. in Worte zu fassen. Es ist daher ein für den Musikunterricht wichtiges Element, dies zu üben. Ein Unterrichtsgespräch bietet hierbei viele Möglichkeiten. Insbesondere die direkte Kontrolle und Korrektur durch den Lehrer ermöglicht das korrekte Verwenden des Vokabulars.
Die Schülerinnen und Schüler diskutieren nun die Ausgangsfragestellung unter Verwendung musikalischer Merkmale:

- Tonstärke
- Tonhöhe
- Tondauer
- Tonfarbe
- Artikulation

Die Lehrperson moderiert das Unterrichtsgespräch, gibt also hierzu zunächst keine inhaltlichen Impulse, sondern provoziert lediglich durch entsprechende Fragestellungen. Die Schülerinnen und Schüler lernen, durch Argumente ihre Position zu vertreten. In diesem Gespräch besteht die Möglichkeit auf musikalisch korrekte Formulierungen zu achten und eine Fachsprache zu trainieren bzw. zu kultivieren. Um den Schülerinnen und Schülern Hilfestellungen für das Gespräch zu geben, kann folgende Folie angeboten werden:

Folie:

Folgende Begriffe sollen dir bei der Beschreibung der Musik helfen:

Erarbeitung eines Hefteintrags:

In einem weiteren Schritt werden die besonderen Merkmale dieser Musikrichtung festgehalten und ins Heft eingetragen. Dazu hilfreiche Fragestellungen wären:

- ✳ Welche Besonderheiten fallen auf? Was ist bekannt, was neu?
- ✳ Lässt sich die Musik in verschiedene Abschnitte teilen?
- ✳ Gibt es Steigerungen bzw. Höhepunkte?
- ✳ Instrumentenauswahl? Wie viele Instrumente waren beteiligt?
- ✳ Wie wirkt die Musik? Entspannend oder anregend?
- ✳ Welche Bilder oder Szenen kann man sich dazu vorstellen?
- ✳ Wo würde man diese Musik hören oder spielen?
- ✳ Ist ein Rhythmus erkennbar?
- ✳ Passiert diese Musik zufällig oder steckt ein System dahinter?

Vorschlag für einen Tafelanschrieb:

Serielle Musik

Serielle Musik wirkt eher zufällig. Sie ist jedoch nach strengen Regeln komponiert. Die Eigenschaften der einzelnen Töne (wie z.B. Tondauer, Tonhöhe und Lautstärke) sind genau festgelegt. Jedem Ton ist eine ganz bestimmte Eigenschaft zugeordnet.
Ausgehend von einer Grundreihe ist die Reihenfolge der Töne ebenfalls genau vorherbestimmt. Dies kann an magischen Quadraten, die aus der Mathematik stammen, gezeigt werden.

Serielle Musik entstand in der Zeit nach 1945. Deshalb nennt man sie auch

ZEITGENÖSSISCHE MUSIK.

Komponisten:

- Olivier Messiaen:
  Mode de valeur et d'intensités (1949)
- Pierre Boulez
  Structures I

Der Komposition liegen magische Quadrate zugrunde. Den Schülerinnen und Schülern wird hiermit ein erster Einblick in die Kompositionstechnik Serieller Musik gegeben. Hier kann also eine enge Verbindung zur Mathematik hergestellt werden. Insbesondere als Mathematiklehrer lassen sich hierzu einige Möglichkeiten des Rechnens und Mathematisierens finden, die zur Erstellung solcher magischer Quadrate führen können. (Arbeitsblatt, S. 18)
Die Schwierigkeitsstufe kann dadurch verändert werden, dass noch weitere Zahlen herausgestrichen werden. Dies kann dann auch als Differenzierungsmöglichkeit zwischen stärkeren und schwächeren Schülerinnen und Schülern genutzt werden.
Die Schülerinnen und Schüler sollen selbst noch weitere solcher Quadrate entwickeln. In Knobelaufgaben finden sich solche Beispiele auch mit Buchstaben, diese sind jedoch schnell sehr anspruchsvoll.

Für die weitere Arbeit:

Im Sinne einer didaktischen Reduktion wird hier von der Kompositionstechnik der Structures von Pierre Boulez abgewichen. Das eigentliche Problem tritt erst in den folgenden Arbeitsschritten (siehe folgende Materialien) auf, sollte jedoch zu Beginn erkannt werden, um die Grundlagen für die Weiterarbeit zu festigen. Erfahrungen haben gezeigt, dass es für Schülerinnen und Schüler zu schwer ist, mit allen 12 Tönen umzugehen, insbesondere, wenn gleichzeitig noch weitere Fähigkeiten wie beispielsweise Musizieren oder Komponieren verlangt werden. Wird im strengen Sinne nach Pierre Boulez verfahren, würde das bedeuten, dass eine zu Beginn festgelegte Tonreihe transponiert und somit das weitere Tonmaterial gewonnen wird. Hieraus wurden dann die magischen Quadrate abgeleitet. Damit würde jedoch der Tonraum zwangsläufig auf alle 12 Töne ausgeweitet werden. Im vorliegenden Weg wurde dieses Problem dadurch umgangen, dass zuerst ein magisches Quadrat erstellt wird und dann – entsprechend der Anzahl der verwendeten Ziffern – Töne zugeordnet werden. Somit ist auch eine Reduktion der Töne möglich. Die einzelnen Reihen wurden somit nicht transponiert, doch konnten durch ein mathematisches Verfahren ebenfalls mehrere verschiedene Reihen gewonnen werden.

Möglichkeiten in Verbindung mit dem Mathematikunterricht:

a) Arbeiten mit Linearen Gleichungssystemen (LGS): Gegeben sind zwei Gleichungen mit zwei Unbekannten. Eine Lösung ist also möglich. Entsprechend kann weitergedacht werden und die Frage gestellt werden, inwieweit dieser Sachverhalt auf magische Quadrate angewendet werden könnte.
b) Rechnen mit Matrizen: In diesem Fall sei das Quadrat der vorgegebene Zahlenkörper wobei die Skalare die einzelnen Felder darstellen. Diese „Rechenkunst" wird jedoch nur in höheren Klassenstufen angewendet.

Magisches Quadrat

Das magische Quadrat, das den Hintergrund der Komposition von Pierre Boulez beschreibt, besteht aus ____ Feldern.
Jede der ____ verschiedenen Zahlen kommt genau ____ mal darin vor. Einige davon sind verloren gegangen. Bekannt ist jedoch, dass jede Zeile und jede Spalte die Summe 78 ergibt.
Fülle die Lücken des magischen Quadrats aus.

1	2	3	4	5	6	7	8	9		11	12
2		4	5	6	11	1	9	12	3	7	10
	4	1	2	8	9	10	5	6	7	12	11
4	5	2	8	9	12	3	6	11	1		7
5	6		9	12	10	4	11	7	2	3	1
6	11	9	12	10	3	5	7	1	8	4	
7	1	10	3	4	5	11	2		12	6	9
8	9	5	6	11		2	12	10	4	1	3
9	12	6	11	7	1		10	3	5	2	4
10	3	7	1		8	12	4	5	11	9	6
11	7	12	10	3	4	6		2	9	5	8
12	10	11		1	2	9	3	4	6	8	5

Lösung:

1	2	3	4	5	6	7	8	9	10	11	12
2	8	4	5	6	11	1	9	12	3	7	10
3	4	1	2	8	9	10	5	6	7	12	11
4	5	2	8	9	12	3	6	11	1	10	7
5	6	8	9	12	10	4	11	7	2	3	1
6	11	9	12	10	3	5	7	1	8	4	2
7	1	10	3	4	5	11	2	8	12	6	9
8	9	5	6	11	7	2	12	10	4	1	3
9	12	6	11	7	1	8	10	3	5	2	4
10	3	7	1	2	8	12	4	5	11	9	6
11	7	12	10	3	4	6	1	2	9	5	8
12	10	11	7	1	2	9	3	4	6	8	5

Arbeit mit dem Notentext:

Im Folgenden sollen die Schülerinnen und Schüler die Zuordnung der Noten herausfinden. Die von den Schülerinnen und Schülern erworbene Fähigkeit, Noten zu lesen wird mit dieser Übung überprüft. Eine mögliche Erweiterung wäre der umgekehrte Weg: Die Schülerinnen und Schüler sollen die zweite und dritte Zeile des Magischen Quadrats „herausfinden", indem sie über die Partitur die Zahlen des Quadrats ermitteln. Ergebniskontrolle ist das Magische Quadrat.

Olivier Messiaen

Im Folgenden wird neben Pierre Boulez auch noch Bezug auf das Stück „Mode de valeurs et d'intensités" (für Klavier) von Olivier Messiaen genommen. Die Zuordnung ist hier etwas schwieriger. Diese Aufgabe kann optional für gute Schülerinnen und Schüler hinzugezogen werden.

Lösung für die folgenden Materialien (Arbeit am Notentext)

1.

1	2	3	4	5	6	7	8	9	10	11	12
es	d	a	as	g	fis	e	cis	c	b	f	h

2.

1	2	3	4	5	6	7	8	9	10	11	12
es	d	a	as	fis	g	e	b	f	n	f	cis

Arbeitsblatt

Welche Töne werden welchen Zahlen zugeordnet?
Das magische Quadrat sagt uns, dass am Anfang (1. Zeile) alle Töne in der ursprünglichen Reihenfolge vorkommen. Die Originalnoten helfen dir, die Tabelle auszufüllen: (beide Stimmen zusammen lesen)

1	2	3	4	5	6	7	8	9	10	11	12

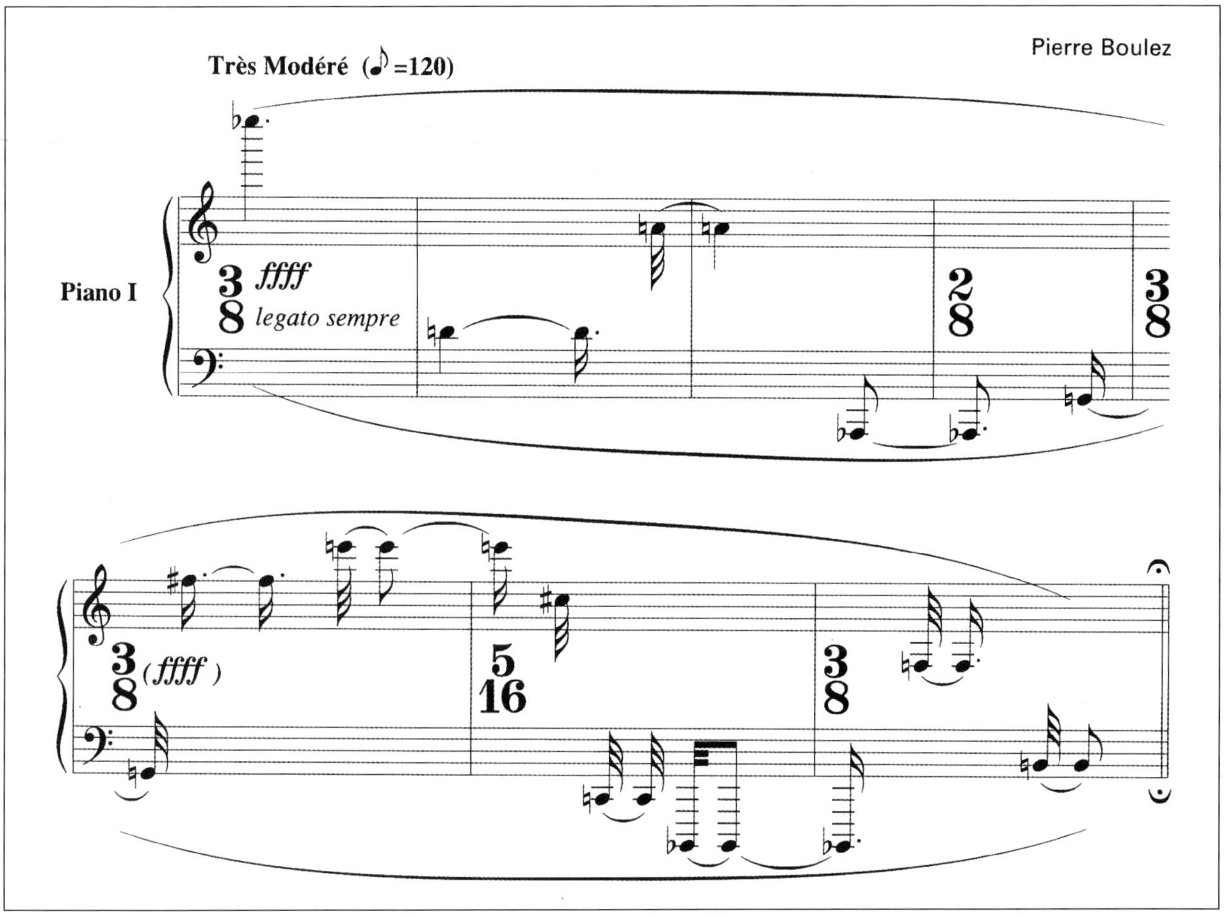

Pierre Boulez „Structures I" Takt 1-7; © 1995 by Universal Edition (London) Ltd., London.

Arbeitsblatt

Welche Töne werden welchen Zahlen zugeordnet?

Das magische Quadrat sagt uns, dass am Anfang (1. Zeile) alle Töne in der ursprünglichen Reihenfolge vorkommen. Die Originalnoten helfen dir, die Tabelle auszufüllen: (jede Stimme einzeln lesen)

1	2	3	4	5	6	7	8	9	10	11	12

Olivier Messiaen: Quatre Études de rythme (1949). © 1995 by Editions DURAND, Paris.

Erstellen einer eigenen Komposition

In den folgenden Unterrichtsstunden erstellen die Schülerinnen und Schüler eine eigene Komposition. Zunächst wird das zugrundeliegende magische Zahlenquadrat erstellt. Danach werden Töne gewählt und den Ziffern zugeordnet. Hierin besteht auch der Unterschied zur ursprünglichen Idee serieller Komponisten. Diese haben durch Transpositionen weitere Zeilen generiert, da der Tonumfang für die Schülerinnen und Schüler aus didaktischen Gründen beschränkt sein sollte, musste dieses Verfahren verändert werden.
Gearbeitet wird in Kleingruppen von vier bis sechs Schülerinnen und Schülern. Die Instrumente an der Schule bilden die Basis, während natürlich jederzeit schülereigene Instrumente hinzugezogen werden können.
Den Schülerinnen und Schülern wird Raum zur eigenen Kreativität und Gestaltung überlassen. Es können an die einzelnen Gruppen auch verschiedene Anforderung gestellt werden, indem unterschiedliche Instrumentengruppen vergeben werden. Auch eine Gruppe mit „Bodypercussion" wäre an dieser Stelle denkbar.
Sollten die Schülerinnen und Schüler noch Schwierigkeiten haben, Noten zu lesen, ist es auch möglich, nach den Ziffern zu spielen, die im magischen Quadrat eingetragen sind. Ziel wäre jedoch, nach dem vorgegebenen Notentext zu musizieren.

Magische Quadrate

Wir haben festgestellt, dass Pierre Boulez als Grundlage für seine Kompositionen magische Quadrate mit 12 Spalten und 12 Zeilen verwendet hat. Sicher erinnert ihr euch auch noch daran, weshalb er die Zahl 12 gewählt hat.

Begründung: ______________________________

____

____

____

____

____

Entwickelt nun ein eigenes magisches Quadrat, indem ihr für die Anzahl der Zeilen und Spalten die Zahl der Gruppenmitglieder wählt! Achtet auf die Regeln, nach denen die magischen Quadrate erstellt werden:

- Jede Zahl darf nur einmal pro Zeile bzw. pro Spalte vorkommen.
- Addiert man alle Zahlen einer Spalte bzw. einer Zeile, kommt immer dieselbe Summe heraus

Tragt die Zahlen in die Vorlage ein. (Verwendet nur die Spalten und Zeilen, die ihr unbedingt benötigt!) Kontrolliert anschließend, ob sich in jeder Zeile und Spalte dieselbe Summe ergibt.

1\. Version

							=
							=
							=
							=
							=
							=
Summe der Spalten:	=	=	=	=	=	=	→

2\. Version

Arbeitsauftrag:

1. Wählt euch entsprechend eures magischen Quadrats die nötige Anzahl unterschiedlicher Töne aus. Ordnet dann jedem der gewählten Töne eine Zahl zu. Mit dieser Festlegung könnt ihr nun das gesamte magische Quadrat als Noten schreiben.

Welche Töne habt ihr gewählt?

Zugeordnete Zahlen:	1	2	3	4	5	...
Name des Schülers (je Schüler ein Ton):	______	______	______	______	______	______

Eure Komposition

(Notenwerte: Nur halbe Noten verwenden!!):

Eine Oktavierung der Töne ist jederzeit möglich!

2. Jeder und jede von euch übernimmt einen Ton. Spielt die Musik und achtet auf den Ablauf der Tonfolge! Markiert jeweils euren eigenen Ton farbig.

3. Vorstellung eurer Komposition.

Erweiterung der Komposition durch Einbeziehung der Zeitdauern

Pierre Boulez hat bei seinen Kompositionen nicht nur die Tonhöhen, sondern auch die Zeitdauern der einzelnen Töne genau festgelegt. Jedem Ton wird genau eine Tondauer zugeordnet.
Boulez ist dabei streng mathematisch vorgegangen: Ausgehend von einem Grundwert (z.B. 1/16 Note) hat er zu jedem folgenden Wert einen weiteren Grundwert hinzu addiert. Folglich steht beispielsweise an der vierten Stelle der Wert 4 x 1/16, usw. Eine Anpassung an das Niveau der Schülerinnen und Schüler ist dadurch möglich, dass z.B. die ¼-Note als Grundwert vorgegeben wird – damit ergeben im sich im Ganzen weniger Notenwerte.

Arbeitsauftrag:

Erstellt zu euren eigenen Kompositionen eine Zuordnung der Notenwerte nach diesem Schema – ausgehend von Achtel.

Töne						
Tondauern:						

Nun könnt ihr die Notenwerte in eure Komposition mit einbeziehen.

Erstellung des Notentextes am Computer

Einsatz eines Notenprogramms:

Schülerinnen und Schüler arbeiten am Computer und erstellen ihre eigene Komposition. Hierbei kann mit allen 12 Tönen und 12 verschiedenen Notenwerten gearbeitet werden, da das Einüben entfällt (dies würde am Instrument u.U. viel Zeit in Anspruch nehmen).

Hierzu können zahlreiche Notenprogramme verwendet werden, z.B. Cappella, Finale, etc. Die Noten werden eingegeben und können dann in verschiedenen Klängen abgespielt werden.

Klangflächenmusik/György Ligeti

Baustein B

Stilrichtung: **Klangflächenmusik**

Komponist: **György Ligeti**

Thema: **Kreative Herstellung unterschiedlicher Klangkompositionen**

✓	Musizieren
	Kompositionstechnik
✓	Musikalische Grundkenntnisse
✓	Komponistenporträt
✓	Schulinstrumentarium
	Eigene Schülerinstrumente
	Fächerverbindung
✓	Soziales Lernen
3–4	Stundenumfang
**	Vorbereitung

Überblick:

Einführung

Verschiedene Hörbeispiele.
Was ist eine Klangkomposition?
Erstellung eines Tafelbildes.
Textbearbeitung in Partnerarbeit (Tabelle und Zeitstrahl anlegen).
Abrundung: Hörbeispiel „Atmosphères" (Notentext).

Musizieren – György Ligetis „Atmosphères" als Anregung für eine Klangkomposition –

Zuordnung eines Hörbeispiel zu einer Filmsequenz.
Erarbeiten musikalischen Parameter.
Grafische Notation anlegen (Vorlage).
Verklanglichung verschiedener Ereignisse (durch Visualisierungshilfe) mit dem Schul-/Orffinstrumentarium in Gruppenarbeit.

Präsentation

Klangkompositionen werden im Plenum vorgestellt
Aufnahme und Reflexion der Ergebnisse

Einführung:

Zu Beginn der Stunde werden den Schülerinnen und Schülern drei bis fünf verschiedene Hörbeispiele mit einer Länge von ca. 25 Sekunden vorgespielt. Dies erfolgt im Stil eines freien, ungebundenen Hörens (ohne konkreten Arbeitsauftrag). Dem soll sich eine sog. „Auffälligkeitssammlung" anschließen.[1]

Tipp: Um den Kontrast zu den Klang(flächen)kompositionen hervorzuheben, können auch mehrere „andere", gegensätzliche Tonbeispiele (z.B. Eine kleine Nachtmusik von Mozart, Badinerie von Bach) eingebaut werden.
Hörbeispiele für Klang(flächen)kompositionen können von Penderecki, Ligeti, Scelsi und Feldman sein. Wir empfehlen, die Zusammenstellung nach der eigenen und/ oder der schulischen Compact-Disc-Sammlung zu richten.

Danach folgt ein kurzes Unterrichtsgespräch über die gehörte Musik. Die Lehrperson sollte wegen der neuen Thematik das Gespräch mit Impulsen beginnen und im weiteren Verlauf lenken.
Mögliche **Impulse** für das Unterrichtsgespräch:

- Welche Instrumente habt ihr erkannt?
- Welche Musikstücke, Komponisten, Stile ... sind euch bekannt?
- Gibt es Unterschiede oder Gemeinsamkeiten zwischen den einzelnen Hörbeispielen?
- Welche Auffälligkeiten konntet ihr an den Musikstücken erkennen?
- Was hat euch an den Beispielen gefallen, was nicht?
- Was könnte man mit den Hörbeispielen im Musikunterricht machen?

Ziel des Unterrichtsgespräches ist, die Hörbeispiele mit dem Parameter „Klang" zu bündeln. Nach einem erneuten Hören (hier nur die Klangflächenkompositionen; ggf. ein gegensätzliches Beispiel als Kontrast), bei dem sich die Schüler auf den o.g. Parameter konzentrieren sollen, sollte die Problemstellung der Stunde stehen: Diese wird, da sie auch das Thema der Stunde ist, mit (farbiger) Kreide an der Tafel notiert: Was ist eine Klangkomposition?

> ***Klangkomposition*** ist eine Sammelbezeichnung für die Kompositionstechniken, die verschiedene Formen der Klangflächen- und Klangfarbenkomposition enthalten.
> Bekannte Vertreter sind unter anderem György Ligeti und Krzysztof Penderecki.
> Klangkompositionen entstanden im Anschluss an die *Serielle Musik*.

Optional: Im Anschluss daran kann ein *Brainstorming* (z.B. mit vorbereiteten Karteikarten oder in abgewandelter Form an der Tafel mit Kreidestücken) durchgeführt werden, um der Klasse Gelegenheit zu geben, ihre Vorstellungen von Klangkompositionen einzubringen.
Im Anschluss daran erhalten die Schülerinnen und Schüler in der Erarbeitungsphase der Stunde das Arbeitsblatt „Untersuchung einer Konzertkritik". Die Schüler sollen aus dem Text Informationen über den Kompositionsstil, die beiden Komponisten, ihre Werke und die zeitliche Einordnung entnehmen und diese schriftlich fixieren.
Zur Dokumentation, die wegen des Schwierigkeitsgrades des Textes auch in Partnerarbeit durchgeführt werden kann, sollte zunächst eine Tabelle und ein Zeitstrahl auf einer Din A 4-Seite (Querformat) angelegt werden. Danach soll der Text gelesen und die Information notiert werden.
Für die Textbearbeitung (einschließlich der Vorbereitung der Tabelle) werden ca. 15 Minuten veranschlagt.
Die Ergebnisse der Arbeitsphase sollten an der Tafel oder auf Folie gesichert werden.
Zum Abschluss der Einführungsstunde kann das folgende Tafelbild entwickelt werden:

Musik nach 1950

Serielle Musik
↓
Klangkompositionen
(u.a. von Ligeti, Penderecki)
beinhalten

Klangfarben — und/oder — Klangflächen

Zur Abrundung:

Zum Abschluss der Stunde und auch als Ausblick soll die Komposition „Atmosphères" von G. Ligeti gehört werden. Dazu dient der abgebildete Notentext in der Materialsammlung. Eindrücke, Stimmungen, ... sollten in einem auswertenden Unterrichtsgespräch miteinbezogen werden.

1 Vgl. Lemmermann

Untersuchung einer Konzertkritik

Heidelberg (AHa).
Vergangenen Samstag wurden vom Collegium Musicum in der Heidelberger Peterskirche Kompositionen gespielt, bei denen „neue" Klänge zu hören waren.
Die zahlreichen Zuhörer kamen in den Genuss, selten in den Konzertprogrammen stehende Kompositionen von Krzysztof Penderecki (geb. 1933) und György Ligeti (geb. 1923) zu hören.
Beide Komponisten sind namentlich jedoch nicht nur Insidern bekannt, weil sie die bedeutendsten Vertreter dieser Kompositionstechnik sind. Zum Verständnis: Klang(flächen)kompositionen sind Kompositionen, bei denen Klang und Klangflächen im Zentrum stehen. Vor allem die Klangdichte verbindet beide Kompositionsstile. Klangdichte wird durch die Verwendung von sogenannten Akkordbändern erreicht, bei denen Akkorde übereinandergelegt werden, die dann in einem längeren Zeitraum wiederum direkt aufeinanderfolgen.
Als erstes Werk war Pendereckis „Anaklasis" zu hören. Das Musikstück wurde 1959/60 für 42 Streicher und Schlagzeuggruppe komponiert. Die Komposition zielt hauptsächlich auf das Erleben von harmonisch oft sehr dichten Klangflächen und weniger auf traditionelle Melodie und Rhythmus. Auffällig sind die vertikale und horizontale Tonverbindungen: Cluster und Glissando. Die Verbindung der einzelnen Strukturen bietet einen ungewöhnlichen Klangeindruck.
Danach wurden die Kompositionen „De natura sonoris No.1" und „De natura sonoris No.2" gespielt. Erste entstand 1966, letztere 1971.
Das Orchester spielte beide Kompositionen mit großer Verinnerlichung, was eine hervorragende Klangqualität zur Folge hatte. „De natura sonoris („Vom Wesen des Klanges") Nr. 1" ist in drei Abschnitte gegliedert und lebt von harmonischer Spannung, bei der Einflüsse aus dem Jazz erkennbar sind.
„De natura sonoris Nr. 2" komponierte Penderecki fünf Jahre später. Das Werk ist im Gegensatz zu Nr. 1 klarer strukturiert und weniger verspielt. Die Ausführenden sind nicht wie bei Nr. 1 ein großes Orchester, sondern nur ein kleines Instrumentalensemble. Das Besondere sind kleine Elemente wie zum Beispiel eine Vogelpfeife oder Eisenbahnschienen, die neue Klangfarben produzieren.
Nach der Pause kamen zwei Kompositionen des Ungarn György Ligeti zur Aufführung. Zunächst spielte das unter der Leitung von Musikdirektor Mattus hervorragend geführte Orchester „Atmosphères". Das 1961 komponierte Werk gilt als Schlüsselwerk Neuer Musik der zweiten Hälfte des 20. Jahrhunderts. Die Komposition für großes Orchester (ohne Schlagzeug) zieht die Zuhörer durch seine Eigenständigkeit in Bann, wobei die klanglich-geräuschhafte Orientierung besonders bemerkenswert ist.
Zum Abschluss war „Lontano" für großes Orchester zu hören. Das 1967 entstandene Werk beeindruckt durch zahlreiche Stimmüberlagerungen der einzelnen Instrumentenfamilien. Das musikalische Geschehen scheint in der Ferne zu beginnen, im Verlauf sind deutlich musikalische Spuren erkennbar. Vor allem auffällige Intervalle und Akkorde bilden die Pfeiler der vielschichtigen Komposition.
Die Präzision und Klarheit bei der Präsentation der Werke wurde durch langanhaltenden Applaus der Zuhörer bekundet. Das Konzert war durch die hervorragende musikalische Leistung der Orchestermitglieder und die Koordination seitens des Dirigenten eine gelungene Demonstration Neuer Musik.

Aufgabe: Erstelle eine Tabelle mit drei Spalten, in der du wichtige Informationen zu Klang(flächen)kompositionen sowie zu Penderecki und Ligeti einträgst!

Merkmale von Klang-(flächen)kompositionen	**Penderecki**	**Ligeti**

Lege danach einen Zeitstrahl mit Jahreszahlen, Namen und Werken an.

ⓘ ***Allgemeine Erläuterung zur Durchführung des Unterrichts:***

Für die Durchführung ist eine zusammenhängende Doppelstunde von Vorteil, da die Einzelphasen (v.a. Üben mit dem Schul-/Orff Instrumentarium) viel Zeit benötigen. Besonders die direkte Umsetzung der Grafischen Notation auf Instrumenten motiviert die Schüler stark und bereitet viel Freude. Gerade deshalb ist es zwingend erforderlich die Stunde an dieser Stelle nicht zu unterbrechen, sondern direkt weiterzuführen. Außerdem gelangt man so zu einer sinnvollen Abrundung mit Vorspielen der entwickelten „Kompositionen" und der Kassetten- bzw. Videoaufnahme.
Die für die Umsetzung der Klangkomposition benötigten Instrumente müssen vor der Stunde auf Seitentischen („Instrumenten-Theke") zusammengestellt und zum Beispiel mit einem Laken zugedeckt werden, um die Aufmerksamkeit nicht zu sehr auf die Instrumente zu lenken. Zudem wird Spannung bis zum Moment des Aufdeckens der Instrumente erzeugt.
Die Instrumente sollten von zwei SchülerInnen zu dem Zeitpunkt aufdecken werden, bevor die Grafische Notation auf großen Plakaten angefertigt wird, damit die SchülerInnen wissen, welche Instrumente sie zur Verfügung haben und diese entsprechend notieren können.

Musizieren:

Zu Beginn der Stunde wird als ***Stummer Impuls*** (ohne Kommentar) die Folie am Overheadprojektor aufgelegt oder der Arbeitsauftrag mit farbiger Kreide an die Tafel notiert.
Die Schülerinnen und Schüler sollen den Impuls (Auftrag) ohne Rückfragen entgegen nehmen.

Vorschlag für den Impuls:

> Welche Kombination
> aus Film und Musik ist für
> dich passend?
> Begründe deine Entscheidung!

Danach werden nacheinander drei unterschiedliche Klangbeispiele parallel zu drei identischen Filmausschnitten abgespielt.
Als Filmausschnitt eignet sich zum Beispiel eine Szene aus „Im Rausch der Tiefe" oder aus einem Kriminalfilm.
Die Schülerinnen und Schüler können sich währenddessen auf einem Blatt Stichworte notieren. Dies ist allerdings nicht zwingend erforderlich, da die Ausschnitte mit ca. 30 Sekunden kurz und damit leicht zu behalten sind.

Im nachfolgenden Unterrichtsgespräch nennen die Schülerinnen und Schüler ihre Auswahl und begründen diese. So lernen sie Sachverhalte zu verbalisieren.

> ⓘ ***Die verwendeten Beispiele müssen vor dem Einsatz wie folgt bearbeitet werden:***
> 1. Klangbeispiel und Filmausschnitt auswählen und aufeinander abstimmen.
> 2. Drei Klangbeispiele nacheinander auf einen Tonträger (CD-ROM, Kassette) aufnehmen.
> 3. Filmausschnitt (gleiche Länge wie Tonbeispiele) mit zweitem Videorecorder dreimal auf andere Kassette überspielen, dazwischen kurze Pausen von ca. 3 Sekunden.

Das nachfolgende Arbeitsblatt wird in der Phase der Hinführung eingesetzt. Die Schülerinnen und Schüler untersuchen das Hörbeispiel auf die oben genannten Parameter und umkreisen diese. Mit einem bunten Holzstift umkreisen sie die hörbaren Parameter.
Es erleichtert die Besprechung, wenn die Lehrperson drei bis vier SchülerInnen Folien, die das Aussehen des Arbeitsblattes haben, austeilt. Nach dem Ende des Hörbeispiels werden diese eingesammelt und von den jeweiligen SchülerInnen der Klasse am Overheadprojektor präsentiert. So können die Ergebnisse visuell nachvollzogen und falls notwendig gemeinsam verbessert werden.

Die folgende Folie (S. 33) mit der Beschreibung sollte auf Grund des detaillierten Ablaufs während der ganzen Phase sichtbar sein oder jeder Gruppe mitgegeben werden. Sie wird zunächst von einem Klassenmitglied vorgelesen, danach von einem weiteren mit eigenen Worten wiederholt.
Der Schriftgrad muss wegen der Lesbarkeit auch in den letzten Reihen (richtet sich nach der Größe des Raumes) mindestens 18 bis 22 betragen.
Vor Beginn der Komposition muss der Ablauf auf einem Plakat skizziert werden:
Die Plakate (siehe nachfolgende Vorlage), die von den SchülerInnen mit einer Grafischen Notation versehen werden sollen, müssen unbedingt vorstrukturiert werden, um vor allem aus Schülersicht einen vergleichbaren Ablauf der Komposition zu ermöglichen.
Zunächst sollte die Notation mit Bleistift vorgezeichnet werden. Erst nach einer weiteren Durchsicht sollen die SchülerInnen mit den Farbstiften die Notation fertigstellen.

Tipp: Als Plakatpapier eignet sich zum Beispiel Packpapier, das relativ günstig zu erwerben ist.
Zur Anfertigung benötigen die Gruppen folgende Materialien:
- *Plakat (ca. 2 x 2 m)*
- *Bleistift und Radiergummi*

• *Verschiedenfarbige Filzstifte (Stärke ca. 4 mm)*
Nach der Wahl der Gruppensprecherin/des Gruppensprechers erhalten die über farbige Kärtchen gebildeten Gruppen ihr Thema, das verklanglicht werden soll.

Tipp zur Gruppeneinteilung:

Nicht immer macht es Sinn eine zufällige Gruppeneinteilung vorzunehmen. Dies sollte insbesondere im Musikunterricht aufgrund der Klassensituation abgewogen werden. Wir schlagen für die zufällige Gruppeneinteilung folgende Methode vor:
Schülerinnen und Schüler ziehen Kärtchen, die verschiedene Kriterien aufweisen, nach denen dann eingeteilt werden kann (siehe S. 32).

- Buchstabe (Vorderseite; siehe Vorlage)
- Zahl (Rückseite)
- Form
- Farbe

Der Vorteil dieser Methode liegt darin, dass:
a) aufgrund der unterschiedlichen Anzahl der einzelnen Merkmale können Klassen in beliebig viele Gruppen unterteilt werden. So gibt beispielsweise das Merkmal Farbe vier Gruppen vor während das Merkmal Buchstabe 5 Gruppen einteilt. Zahl (auf der Rückseite zu vermerken) kann dann wiederum eine andere Anzahl von Gruppen einteilen.
b) Schülerinnen und Schüler können – nachdem sie die Kärtchen gezogen haben – nicht schnell mit dem Nachbar tauschen, um sich einen Platz in der gewünschten Gruppe zu sichern, da sie nicht einschätzen können um welches Kriterium es sich handeln wird.

Die farbigen Kärtchen sollten wegen der Greifbarkeit ca. 4 x 4 cm groß sein und aus farbigem Tonpapier (Mindeststärke von 160 g) hergestellt werden. Es empfiehlt sich wegen der Wiederverwendung die Kärtchen zu laminieren.
Die Kärtchen können von den SchülerInnen aus einem Stoffbeutel gezogen werden.
Danach finden sich die Gruppen je nach Farbe der Kärtchen zusammen. Es ist sinnvoll an den Gruppentischen, die falls notwendig vor der Stunde gestellt werden sollten, den Farben der Kärtchen entsprechende Schilder (vgl. „Reserviert"-Schilder im Restaurant) aufzustellen, um den Gruppen ihren Arbeitsplatz auszuweisen.

Die Vorlagen mit der zu bearbeitenden Aufgabe sollte ausgeschnitten, auf Karton geklebt und laminiert oder in Folien gegeben werden. Wegen des sozialen Lernzieles der „Teamfähigkeit" sollten maximal zwei Exemplare in eine Gruppe gegeben werden, um die Interaktion in den Gruppen zu fördern.
Bei einer Klassenstärke von ca. 30 Schülerinnen und Schülern ist es vorteilhaft, mit Parallelgruppen zu arbeiten. Es arbeiten dann insgesamt sechs Gruppen an drei Parallelthemen.
Dies ist günstig, weil sich zum einen durch die individuellen Vorstellungen unterschiedliche Interpretationen des zu verklanglichenden Ereignisses ergeben, zum anderen dient es als gute Kontrollmöglichkeit. Außerdem sind die Parallelgruppen bei der Präsentation sehr aufmerksam. Beide Kompositionen können zum Beispiel durch den direkten Vergleich Gesprächsanlass über Idee, Aufbau und Durchführung der Komposition sein.

Am Ende der Doppelstunde werden die Ergebnisse präsentiert. Beide Parallelgruppen sollten dabei direkt nacheinander ihre Komposition vorspielen, um die wahrscheinlich unterschiedlichen Interpretationen zu hören und sich darüber auszutauschen.

Die Lehrkraft hat die Möglichkeit, diese Vorlagen auszuschneiden und farbig zu markieren

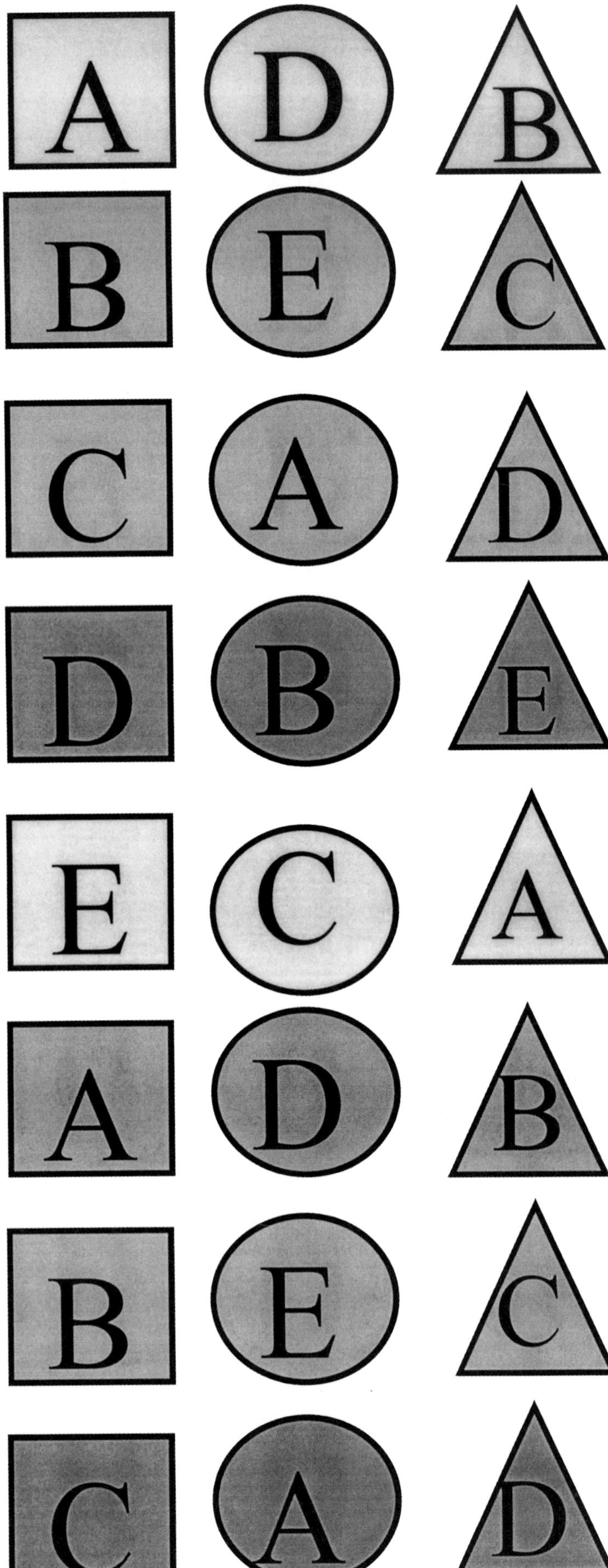

Welche der nachfolgenden **musikalischen Parameter** verwendet der Komponist in seinem Werk?

Melodie

Klang

Lautstärke (Dynamik)

Rhythmus

Tonhöhe

Welche der nachfolgenden **musikalischen Parameter** verwendet der Komponist in seinem Werk?

Melodie

Klang

Lautstärke (Dynamik)

Rhythmus

Tonhöhe

Fotos (als Visualisierungshilfe beim Komponieren)

1) Stadt

2) Hitze

3) Kälte

(Fotos: Lars Holzäpfel; www.exclusive-photos.com)

Folie

ANWEISUNGEN zum Verlauf der Gruppenarbeit

TEIL 1: „KOMPONIEREN"

1. Wählt eine Gruppensprecherin/einen Gruppensprecher und teilt den Namen am Lehrerpult mit!
2. Ein Gruppenmitglied liest den Arbeitsauftrag vor!
3. Entwickelt gemeinsam eine Verlaufsskizze für eure Komposition! (z.B. „Wann spielt welches Instrument?")
4. Notiert die Skizze auf dem vorbereiteten Plakat!
5. Danach holt die Gruppensprecherin/der Gruppensprecher die benötigten Instrumente am Lehrerpult ab!
6. Übt gemeinsam die Komposition so ein, dass ihr sie den anderen deutlich vorspielen könnt!
7. Nach einem Signal legt ihr alle Instrumente weg!

TEIL 2: „VORSPIELEN"

1. Gruppe 1 stellt die Skizze vor und beginnt mit dem Vorspielen!
2. Die Jurymitglieder (alle anderen) kontrollieren währenddessen das Vorspielen im Hinblick auf korrekten Ablauf und richtigen Einsatz der Instrumente!
3. Dann folgen in gleicher Weise die Gruppen 2 bis 6!

Plakatvorlage für die Grafische Notation

Thema: ______________________________

Namen der Gruppenmitglieder:

____

Gruppenname: ________________________

- -

HÖHEPUNKT

Instrumente

ANFANG

ENDE

Arbeitsanweisung für die Gruppenarbeit (Tipp: auf farbiges Tonpapier)

✂---

GRUPPE 1: Stadt

Arbeitsauftrag:

Heute seid ihr Komponisten!

- Versucht mit eigenen Mitteln (Orff-Instrumente, Stimme u.a.) den Klang des Ereignisses darzustellen!
- Skizziert zuerst einen kurzen Ablauf (Instrumente ...) auf Papier! – Die Komposition soll deutlich nachvollziehbar und spannend sein!
- Übt eure Komposition, die ca. 1 Minute dauern soll, sodass ihr sie euren Mitschülern vorspielen könnt!

ZEIT: 10 Minuten!

✂---

GRUPPE 2: Hitze

Arbeitsauftrag:

Heute seid ihr Komponisten!

- Versucht mit eigenen Mitteln (Orff-Instrumente, Stimme u.a.) den Klang des Ereignisses darzustellen!
- Skizziert zuerst einen kurzen Ablauf (Instrumente ...) auf Papier! – Die Komposition soll deutlich nachvollziehbar und spannend sein!
- Übt eure Komposition, die ca. 1 Minute dauern soll, sodass ihr sie euren Mitschülern vorspielen könnt!

ZEIT: 10 Minuten!

✂---

GRUPPE 2: Kälte

Arbeitsauftrag:

Heute seid ihr Komponisten!

- Versucht mit eigenen Mitteln (Orff-Instrumente, Stimme u.a.) den Klang des Ereignisses darzustellen!
- Skizziert zuerst einen kurzen Ablauf (Instrumente ...) auf Papier! – Die Komposition soll deutlich nachvollziehbar und spannend sein!
- Übt eure Komposition, die ca. 1 Minute dauern soll, sodass ihr sie euren Mitschülern vorspielen könnt!

ZEIT: 10 Minuten!

GRUPPE 4: Stadt

Arbeitsauftrag:

Heute seid ihr Komponisten!

- Versucht mit eigenen Mitteln (Orff-Instrumente, Stimme u.a.) den Klang des Ereignisses darzustellen!
- Skizziert zuerst einen kurzen Ablauf (Instrumente ...) auf Papier! – Die Komposition soll deutlich nachvollziehbar und spannend sein!
- Übt eure Komposition, die ca. 1 Minute dauern soll, sodass ihr sie euren Mitschülern vorspielen könnt!

ZEIT: 10 Minuten!

GRUPPE 5: Hitze

Arbeitsauftrag:

Heute seid ihr Komponisten!

- Versucht mit eigenen Mitteln (Orff-Instrumente, Stimme u.a.) den Klang des Ereignisses darzustellen!
- Skizziert zuerst einen kurzen Ablauf (Instrumente ...) auf Papier! – Die Komposition soll deutlich nachvollziehbar und spannend sein!
- Übt eure Komposition, die ca. 1 Minute dauern soll, sodass ihr sie euren Mitschülern vorspielen könnt!

ZEIT: 10 Minuten!

GRUPPE 6: Kälte

Arbeitsauftrag:

Heute seid ihr Komponisten!

- Versucht mit eigenen Mitteln (Orff-Instrumente, Stimme u.a.) den Klang des Ereignisses darzustellen!
- Skizziert zuerst einen kurzen Ablauf (Instrumente ...) auf Papier! – Die Komposition soll deutlich nachvollziehbar und spannend sein!
- Übt eure Komposition, die ca. 1 Minute dauern soll, sodass ihr sie euren Mitschülern vorspielen könnt!

ZEIT: 10 Minuten!

Optionales Arbeitsblatt zur Kleingruppenarbeit
(als Vorbereitung auf die Verklanglichung und zum Probieren der Instrumente)

KLÄNGE

Ligeti unterscheidet in seinem Werk folgende Klänge:

⋆ Punktklänge:

●●● ●●●●● ●●

= kurze Töne
z.B. Xylophon, Schlaginstrumente

⋆ Liegeklänge:

= lange Töne
z.B. Streich- und Blasinstrumente

⋆ Schwebeklänge:

Aufgabe:
Probiert in Kleingruppen die Klänge aus und reiht sie aneinander, um eine Zufallskomposition zu erhalten. Legt beim Üben eine Reihenfolge fest und spielt sie eurer Klasse vor.

Arbeitsblatt: Biografischer Lückentext

Der ____________ **György Ligeti** wurde am 28. Mai 1923 in ____________ (in *Dicsöszentmárton/Siebenbürgen*) geboren.
Bereits mit ___ Jahren komponierte er seine ersten Werke. Ligetis Vorbild war sein Landsmann Béla _________ (1881–1945). Er analysierte dessen Werke und entwickelte daraus seinen ____________ Kompositionsstil.
Nach seiner Schulausbildung studierte Ligeti an der ________________ Budapest, wo er nach Beendigung seines Studiums _________________ für Harmonielehre, Kontrapunkt und musikalische Analyse wurde. Während dieser Zeit entstanden zwei _________________ zur klassischen Harmonielehre, die noch heute in Ungarn verwendet werden.
Während seiner _____________ befasste er sich mit den Eigenarten der Kompositionen Bartoks (z.B. der häufige Einsatz von Sekunden) und sammelt wie sein Vorbild ________________ aus Ungarn und Rumänien, die er in seine Kompositionen einbaute. Es entstanden Kompositionen mit _________________ von älterer und neuester Musik. Als weitere _____________ gab Ligeti in einem Interview Igor Strawinsky und Claude Debussy an.
Nach dem politischen Aufstand in Ungarn 1956 wanderte Ligeti über Österreich nach ____________________ aus. In ______ kam er in Kontakt mit Komponisten, die die Musik jener Zeit stark beeinflussten. Es gelang ihm durch Versuche im Elektronischen Studio des Westdeutschen Rundfunks in den Jahren 1957/ 58 ________, andersartige Kompositionen (*Glissandi* und *Artikulation*) zu entwickeln.
Nur wenige seiner in Ungarn komponierten Werke (u.a. Streichquartett Nr. 1 *Métamorphoses nocturnes*) ______________ er für so gut, sie zu veröffentlichen.
Mit seinem im Westen komponierten Orchesterwerk *Apparitions* gelang Ligeti 1961 beim Weltmusikfest in Köln der erste international anerkannte ___________.
Seit 1959 hat Ligeti seinen _________________ in Wien. 1967 wurde er österreichischer Staatsbürger.
Heute ist Ligeti ______________ für Komposition an der Musikhochschule in Hamburg.
Bedeutende Vertreter der ____________________ Musik neben Ligeti sind der Pole *Krzysztof Penderecki* und der Italiener *Luciano Berio.*

Aufgabe: Ergänze den Text mit den folgenden Wörter!

Köln, Vorbilder, Ungarn, Erfolg, 10, Bartok, avantgardistischen, Hauptwohnsitz, Volkslieder, eigenen, Musikhochschule, empfindet, Lehrbeauftragter, Unterrichtswerke, Komponist, Studienzeit, Stilelementen, Deutschland, neue, Professor, Meute, politischen, österreichischen, Berio, Kompositionen

Lehrerhilfe/Lösungsblatt:

Der Komponist **György Ligeti** wurde am 28. Mai 1923 in Ungarn (in *Dicsöszentmárton/Siebenbürgen*) geboren.
Bereits mit 10 Jahren komponierte er seine ersten Werke. Ligetis Vorbild war sein Landsmann Béla Bartok (1881–1945). Er analysierte dessen Werke und entwickelte daraus seinen eigenen Kompositionsstil.
Nach seiner Schulausbildung studierte Ligeti an der Musikhochschule Budapest, wo er nach Beendigung seines Studiums Lehrbeauftragter für Harmonielehre, Kontrapunkt und musikalische Analyse wurde. Während dieser Zeit entstanden zwei Unterrichtswerke zur klassischen Harmonielehre, die noch heute in Ungarn verwendet werden.
Während seiner Studienzeit befasste er sich mit den Eigenarten der Kompositionen Bartoks (z.B. der häufige Einsatz von Sekunden) und sammelt wie sein Vorbild Volkslieder aus Ungarn und Rumänien, die er in seine Kompositionen einbaute. Es entstanden Kompositionen mit Stilelementen von älterer und neuester Musik. Als weitere Vorbilder gab Ligeti in einem Interview Igor Strawinsky und Claude Debussy an.
Nach dem politischen Aufstand in Ungarn 1956 wanderte Ligeti über Österreich nach Deutschland aus. In Köln kam er in Kontakt mit Komponisten, die die Musik jener Zeit stark beeinflussten. Es gelang ihm durch Versuche im Elektronischen Studio des Westdeutschen Rundfunks in den Jahren 1957/ 58 neue, andersartige Kompositionen (*Glissandi* und *Artikulation*) zu entwickeln.
Nur wenige seiner in Ungarn komponierten Werke (u.a. Streichquartett Nr. 1 *Métamorphoses nocturnes*) empfindet er für so gut, sie zu veröffentlichen.
Mit seinem im Westen komponierten Orchesterwerk *Apparitions* gelang Ligeti 1961 beim Weltmusikfest in Köln der erste international anerkannte Erfolg.
Seit 1959 hat Ligeti seinen Hauptwohnsitz in Wien. 1967 wurde er österreichischer Staatsbürger.
Heute ist Ligeti Professor für Komposition an der Musikhochschule in Hamburg.
Bedeutende Vertreter der avantgardistischen Musik neben Ligeti sind der Pole *Krzysztof Penderecki* und der Italiener *Luciano Berio.*

50 Jahre Neue Musik in Darmstadt

Von Zwölftönern und Zufallsjüngern

Alle zwei Jahre im Sommer wird Darmstadt zum Avantgarde-Mekka: Bei den Internationalen Ferienkursen für Neue Musik stellen Komponisten, Interpreten und Kritiker aus der ganzen Welt ihre Werke vor, holen sich Anregungen für halbfertige Partituren und suchen nach neuen künstlerischen Wegen. Teilnehmer wie John Cage, Karlheinz Stockhausen und György Ligeti haben den Kursen weltweites Renommee verschafft. Eine Zeitlang waren die Treffen so stilbildend, daß man heute von der „Darmstädter Schule“ spricht. „Die gesamte Nachkriegsentwicklung der zeitgenössischen Musik hat hier ihren Ursprung“, sagt Kursleiter Solf Schaefer. In diesem Jahr feiern die Ferienkurse vom 28. Juli bis zum 14. August ihr 50jähriges Bestehen.
Das Gründungsjahr 1946 war auch musikalisch eine Stunde Null. Den Nationalsozialisten hatte der Marsch als Inbegriff des Musikalischen gegolten, zeitgenössische Komponisten waren aus dem Konzertleben verbannt. In dieser Situation wollte Darmstadts damaliger Kulturreferent Wolfgang Steinecke jungen Komponisten „den Kontakt mit den wahrhaft schöpferischen Kräften der Zeit“ vermitteln. Doch bald gaben Komponisten wie Stockhausen, Pierre Boulez und Luigi Nono den Ton an. Sie propagierten von Darmstadt aus die serielle Musik, die sie aus der Zwölftontechnik des Wieners Arnold Schönberg (1874-1951) entwikkelt hatten. Schönberg wollte, daß alle zwölf Töne der Oktave gleichberechtigt sind; jeder sollte erst dann ein zweites Mal erklingen, wenn alle anderen schon gespielt waren.
Die seriellen Musiker erweiterten dieses Verfahren auf Tondauer, Lautstärke und Klangfarbe. In den Kursen gaben sie sich mitunter sehr streng und lösten Kontroversen aus. Hans-Werner Henze, heute einer der erfolgreichsten deutschen Komponisten, blieb den Kursen nach wenigen Besuchen fern. Dennoch gab Darmstadt richtungsweisende Impulse: 1950 wurde erstmals elektronische Musik aufgeführt, und schon zu Beginn der 60er Jahre erklangen die ersten Computer-Kompositionen. Um diese Zeit endete auch das serielle Regime, dessen Vertreter sich immer mehr zerstritten hatten. Das amerikanische Avantgarde-Genie John Cage brachte 1958 Freiheit und Zufall als neue musikalische Leitgedanken nach Darmstadt, der Argentinier Mauricio Kagel suchte die Verbindung zum Theater, der Ungar György Ligeti stellte seine aus elektronischem Rauschen, Pfeifen und Brummen komponierten „Klangflächen“ vor.
Der seit vergangenem Jahr amtierende Leiter Solf Schaefer hat die Ferienkurse im Jubiläumsjahr noch weiter geöffnet. Zu den Dozenten zählen so unterschiedliche Komponisten wie der Japaner Toshio Hosokawa, der Engländer Bryan Ferneyhough und der Deutsche Wolfgang Rihm. Karlheinz Stockhausen, vor über 20 Jahren im Bösen von Darmstadt geschieden, wird wieder eine Klasse leiten. Es gibt Kurse für Schlagzeug, Gitarre, Flöte und viele andere Instrumente. Namhafte Interpreten wie das Arditti-Quartett haben sich angesagt.
Während andere renommierte Avantgarde-Festivals wie etwa das von Donaueschingen in finanziellen Schwierigkeiten stekken, hat Darmstadts Oberbürgermeister Peter Benz (SPD) eben wieder seine Unterstützung zugesichert. Allerdings liegt der Etat der Ferienkurse bei bescheidenen 500 000 Mark. Das meiste davon bezahlt die Stadt, hinzu kommen Zuschüsse von Bund und Land. Den Rest decken die Studenten – in diesem Jahr sind es 260 aus 30 Ländern – mit ihren Kursgebühren. Nicht jeder muß die 1250 Mark aus eigener Tasche zahlen: Firmen und Privatleute haben zahlreiche Stipendien gestiftet. Die Jubiläums-Kurse in diesem Sommer werden von einem umfangreichen Konzertprogramm begleitet. Neben dem Arditti-Quartett am Sonntag ist das Ensemble Modern zu hören, Stockhausen dirigiert eigene Kompositionen, der Italiener Teodoro Anzellotti führt vor, daß auch das Akkordeon eine Stimme in der zeitgenössischen E-Musik beanspruchen kann. Im Museum Mathildenhöhe ist bis zum 3. Oktober eine Ausstellung zur Geschichte der Ferienkurse zu sehen.

Wolfgang Harms

Quelle: BNN Karlsruhe

Klangflächenmusik/George Crumb

Baustein C

Stilrichtung: **Klangflächenmusik**

Komponist: **Georg Crumb**

Thema: **(Re)Produktion einer Klangflächen-Komposition**

✓	Musizieren
✓	Kompositionstechnik
✓	Musikalische Grundkenntnisse
✓	Komponistenporträt
✓	Schulinstrumentarium
✓	Eigene Schülerinstrumente
	Fächerverbindung
✓	Soziales Lernen
3–5	Stundenumfang
*	Vorbereitung

Möglicher Verlauf der Unterrichtseinheit:

Einführung

Erste Höreindrücke und Grafische Notation (Vorlage).

Der Komponist und das Kompositionsverfahren

Begegnung mit George Crumb (Feature zu Komponist und Kompositionstechnik).
[Optional: Biographie (Lehrervortrag und Lückentext)].

Musizieren

(Re)Produktion einer Klangflächen-Komposition: Einteilen der Spieler (vorbereitete Partitur) und proben; ggf. Differenzierung.

Präsentation

Eigene Kompositionen werden vorgetragen (Arbeitsblatt: Bewertungsschema für SchülerInnen).

Differenzierungsmöglichkeit

Erweiterung der vorgegebenen Komposition durch Eintragen neuer Töne (offene Partitur) und Gestaltung eines passenden Schlusses.

Einführung:

Als Einstieg dient ein stummer Impuls (z.B. Tafel, OHP): „Augen schließen". Parallel dazu wird das Hörbeispiel „The Advent" aus dem Werk „Music for a summer evening" eingespielt. Die Schülerinnen und Schüler öffnen nach einem lauten Gong-Schlag (identisch mit dem Stop des Hörbeispiels) die Augen und blicken auf mehrere Grafische Notationen (Folie), die über OHP sichtbar gemacht werden. Nun äußern sich SchülerInnen zu den Vorschlägen und begründen ihre Entscheidung. Zur Auswertung und Kontrolle ist noch einmal das Hörbeispiel heranzuziehen.
Optional kann die Klasse auch eine eigene Grafische Notation anlegen und sich über die Ergebnisse austauschen.

Der Komponist und das Kompositionsverfahren:

Zum Vorstellen des Komponisten wählten wir ein i-Feature zu George Crumb, das die Lehrkraft vorbereiten muss. Dies kann aus mehreren Fotos sowie Informationen aus seinem Leben und seiner Kompositionstechnik bestehen. Eine kurze Erklärung der Lehrkraft zur Kompositionstechnik schließt diese Phase ab.
Optional kann an dieser Stelle – zur Sicherung – auch ein Lückentext zum Komponisten eingebaut werden.

Musizieren:

Als Überleitung zum Musizieren werden neben fachlichen Anweisungen auch pädagogische Arbeitsregeln besprochen, die in die Übungsphase einfließen. Die Klasse teilt sich in Gruppen mit einer Gruppengröße von ca. sechs Mitgliedern. Jede Gruppe wählt einen Gruppensprecher, der dann die Materialpakete (siehe Exkurs) abholt. Mit einer Zeitangabe ausgestattet, arbeiten die Schüler in Gruppen, falls möglich in getrennten Räumen. Es empfiehlt sich, die Instrumente erst dann auszugeben, wenn die Einteilung der Elemente in der Partitur vorgenommen wurde. Neben dem üblichen Schulinstrumentarium (z.B. Orffinstrumente) ist es wünschenswert, dass die Schülerinnen und Schüler ihre eigenen Instrumente mitbringen.

Präsentation:

Zur Vorstellung der Kompositionen kommen die Gruppen ins Plenum zurück. Nacheinander stellen alle Gruppen ihre Ergebnisse vor. Die „Zuschauer" (Gruppen, die nicht aktiv sind) bewerten die Ergebnisse (Arbeitsblatt „Bewertungsschema"). Damit konzentriert und genau beobachtet werden kann bietet sich hier eine mögliche Vorgehensweise bei vier Kompositionsgruppen an: Gruppe 1 bewertet Gruppe 2, Gruppe 2 bewertet Gruppe 3, Gruppe 3 bewertet Gruppe 4 und Gruppe 4 bewertet Gruppe 1.
Es wäre eine Überforderung, wenn alle alle bewerten würden; weniger ist mehr: Konzentration auf eine Sache und (kritisch-)konstruktive Rückmeldung bei der sich anschließenden Aussprache.
Falls die Möglichkeit besteht, schlagen wir eine audio-visuelle Aufzeichnung der Ergebnisse vor (z.B. Video, Tape, Dat, Digital-Foto mit Videoaufzeichnungsfunktion), die auch als Einstieg in eine Folgestunde dienen kann.

Differenzierungsmöglichkeit:

Es bieten sich zwei ergänzende Vorgehensweisen an. Zum einen als integrierte Übungsphase zur Differenzierung in Übungsphase 1 (Musizieren), d.h. für „schnell" arbeitende Gruppen. Zum anderen in einer neuen Folgestunde als Erweiterung der Klangflächen-Komposition aus der vorangegangen Stunde. In beiden Fällen dient eine offene Partitur zum Eintragen neuer Töne. Auch soll ein passender musikalischer Schluss geübt werden. Die Schüler arbeiten weiterhin in Gruppen, die Lehrkraft weiterhin als Lernberater.
Am Ende dieser Arbeitsphase sollte wiederum eine Präsentation stattfinden.

Grafische Notationen:

Hier siehst du verschiedene *Grafische Notationen.*
Welche würde deiner Meinung nach zu dem Musikstück passen?
Wähle aus und begründe deine Entscheidung.

1.

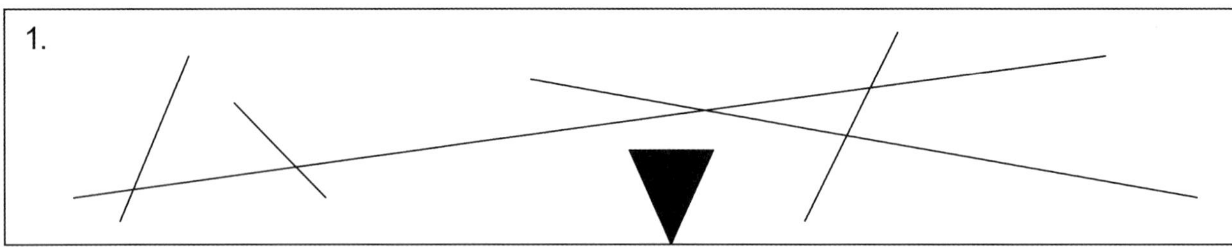

2.

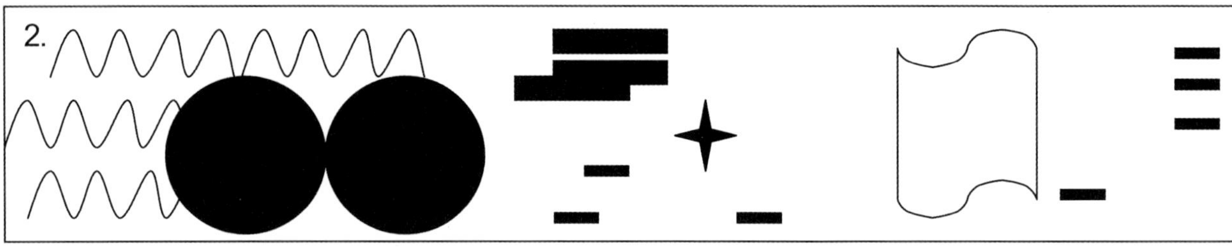

3.

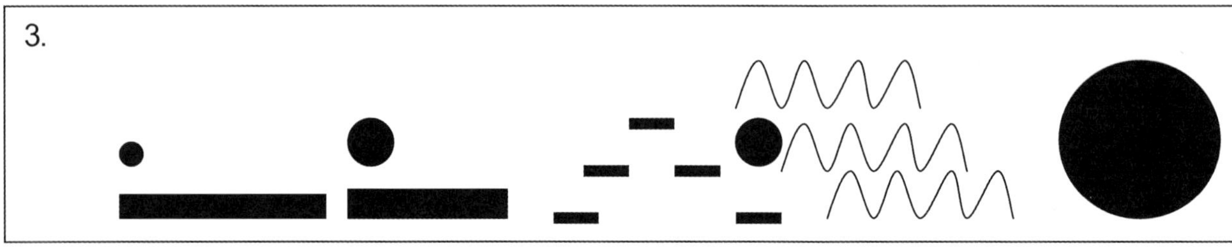

4.

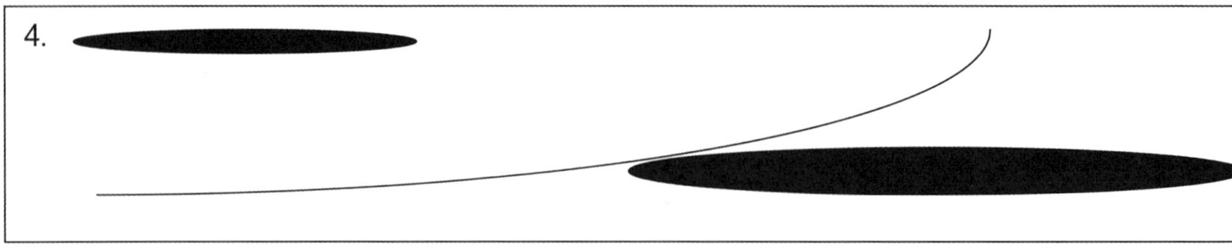

5.

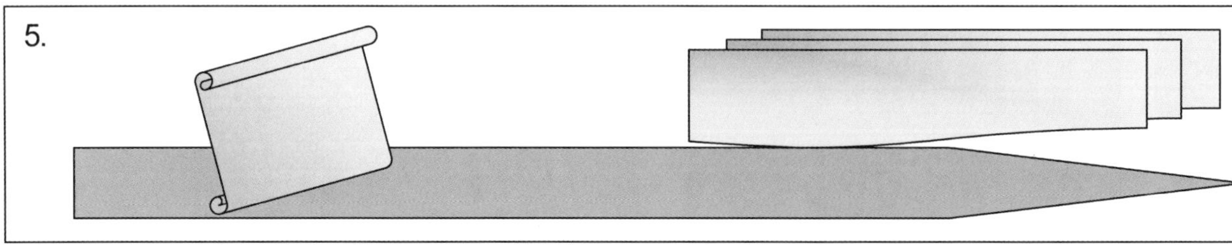

Klangwelten

Vorschlag zur Einteilung der musikalischen Elemente:

- Klangelement 1: Glockenspiel, Xylophon, Flöte,...
- Klangelement 2: Xylophon, Flöte,...
- Klangelement 3: Metallophon, Klavier, Posaune,...
- Rhythmus: Becken, Handtrommel, Holzblocktrommel,...
- *Dirigent:* gibt die Einsätze

Probenverlauf:

- ❖ Takt 1 – 4 zusammen spielen, dann
- ❖ Takt 3 + 4 so oft wiederholen und üben, bis eine musikalische Steigerung hörbar ist (Lautstärke!).
- ❖ Überlegt euch einen sinnvollen musikalischen Schluss.

ZWISCHENPRÄSENTATION + BEWERTUNG!

ZUSATZAUFGABE:
Takte 5 bis 8 in allen Elementen in Partitur eintragen.
ⓘ Nur Töne C + G , auch als Achtel möglich.

PRÄSENTATION + BEWERTUNG!

Arbeitsauftrag

Namen der Gruppenmitglieder:

1. Arbeitsregeln besprechen, notieren und einhalten:
   a) ____________________
   b) ____________________
   c) ____________________
2. Wer ist euer Gruppensprecher?____________
3. Wer ist euer Dirigent?____________
4. Eure Komposition wird aus drei Klangelementen und einem Rhythmus bestehen. Wer übernimmt
   ✓ Klangelement 1? ____________
   ✓ Klangelement 2? ____________
   ✓ Klangelement 3? ____________
   ✓ Rhythmus? ____________
   Tragt eure Namen auch in die Partitur ein.
5. Üben. (mehrmals)
6. Wie wollt ihr euer Stück beenden? – Überlegt euch einen Schluss. – Unbedingt nochmals üben!
7. Präsentation.

Klangwelten

Dirigent:

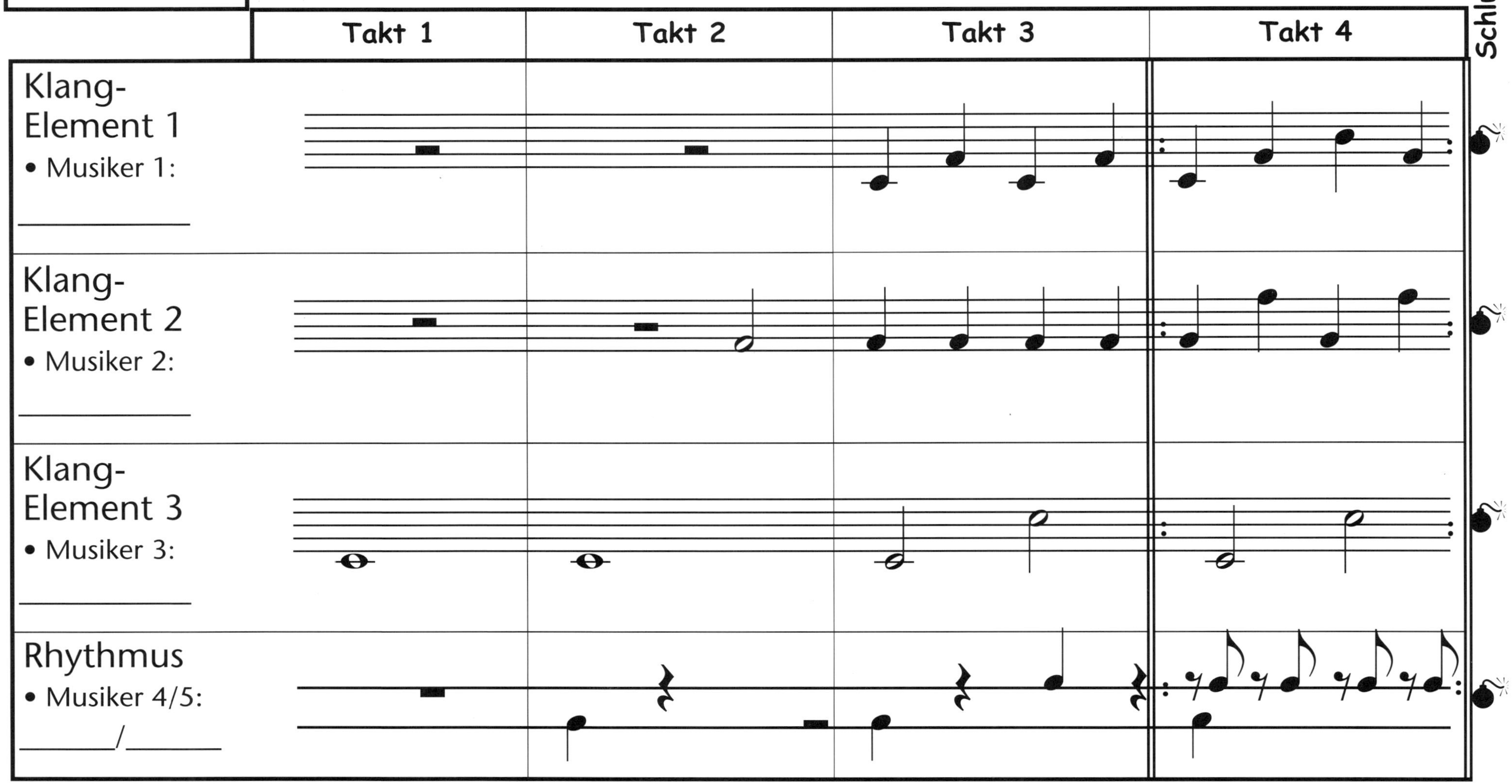

Klangwelten

Dirigent:

	Takt 5	Takt 6	Takt 7	Takt 8
Klang-Element 1 • Musiker 1: ____				
Klang-Element 2 • Musiker 2: ____				
Klang-Element 3 • Musiker 3: ____				
Rhythmus • Musiker 4: ____				

BIOGRAFIE: GEORGE CRUMB

George Henry Crumb wurde am ______________ in Charleston (West Virginia) als Sohn einer ______________geborgen. Sein Vater leitete zeitweise ein ______________________und arbeitete als Klarinettist und Arrangeur; während seine Mutter 25 Jahre lang __________im Charleston Symphony Orchestra spielte. Bereits mit sieben Jahren erhielt er seinen ersten _________________und mit neun Jahren lernte er _______. Seine Jugend wurde durch familiäre Hausmusik geprägt.
Das Komponieren fing Crumb bereits im Alter von _____ Jahren an.
Von 1944 bis 1947 besuchte er die High School; dort entstanden erste symphonische Kompositionen (Poem und Gethsemane). Danach studierte er ____________ und ____________ in Charleston (Bachelor of Music 1950).

Noch während des Studiums heiratete er die Pianistin Elizabeth May Brown (geb. 1928). Seine Ausbildung vervollständigte er 1952 (Master of Music) an der University of Illinois; dort lernte er auch _________.
Sein Studium ging weiter: Von 1953 bis 1955 studierte er an der University of Michigan; mit Hilfe eines Stipendiums konnte er 1955/56 in _______ studieren und 1959 schloss er mit „Variazioni für Orchester" seine Studien ab (Doctor of Music).
In der Zeit danach lehrte er Klavier und Komposition an der University of Colorado in Boulder; erstmals entstanden in dieser Zeit vollständige _________________, die auch experimentelle Techniken enthielten.
Seit Mitte der 60-er Jahre unterrichtet er Komposition an der University of Pennsylvania. Erst in dieser Zeit wurde seine Musik bekannter. Er setzte nun auch _______________ Instrumente ein. Ein großer Erfolg wurde das Stück „Black Angels" für elektrisch verstärktes ______________(1979).
Außerhalb Amerikas wurde Crumb erst ab _______bekannter. Er erhielt Auszeichnungen und Preise. Mittlerweile hat er mehr als fünf Ehrenpromotionen und ist Mitglied der Akademie der Künste in Berlin und in der International Cultural Society of _________.

Die Uraufführung des Orchesterwerks Star-Child unter _____________in New York 1977 wurde zu einem seiner größten Erfolge.

Vorlage für die fehlenden Begriffe:

✳ 24. Oktober 1929 ✳ 1972 ✳ Cello ✳ Klavier ✳ Klavier ✳ Viola ✳ Klarinettenunterricht ✳ Streichquartett ✳ elektrisch verstärkte ✳ Stummfilmorchester ✳ Komposition ✳ 10 ✳ Kompositionen ✳ Musikerfamilie ✳ Korea ✳ Berlin ✳ Pierre Boulez ✳ Hausmusik ✳ Uraufführung ✳ Pianistin ✳ Stipendiums

Lösungsblatt

BIOGRAFIE: GEORGE CRUMB

George Henry Crumb wurde am 24. Oktober 1929 in Charleston (West Virginia) als Sohn einer Musikerfamilie geborgen. Sein Vater leitete zeitweise ein Stummfilmorchester und arbeitete als Klarinettist und Arrangeur; während seine Mutter 25 Jahre lang Cello im Charleston Symphony Orchestra spielte. Bereits mit sieben Jahren erhielt er seinen ersten Klarinettenunterricht und mit neun Jahren lernte er Klavier. Seine Jugend wurde durch familiäre Hausmusik geprägt.
Das Komponieren fing Crumb bereits im Alter von 10 Jahren an.
Von 1944 bis 1947 besuchte er die High School; dort entstanden erste symphonische Kompositionen (Poem und Gethsemane). Danach studierte er Klavier und Komposition in Charleston (Bachelor of Music 1950).
Noch während des Studiums heiratete er die Pianistin Elizabeth May Brown (geb. 1928). Seine Ausbildung vervollständigte er 1952 (Master of Music) an der University of Illinois; dort lernte er auch Viola.
Sein Studium ging weiter: Von 1953 bis 1955 studierte er an der University of Michigan; mit Hilfe eines Stipendiums konnte er 1955/56 in Berlin studieren und 1959 schloss er mit „Variazioni für Orchester" seine Studien ab (Doctor of Music).
In der Zeit danach lehrte er Klavier und Komposition an der University of Colorado in Boulder; erstmals entstanden in dieser Zeit vollständige Kompositionen, die auch experimentelle Techniken enthielten.
Seit Mitte der 60-er Jahre unterrichtet er Komposition an der University of Pennsylvania. Erst in dieser Zeit wurde seine Musik bekannter. Er setzte nun auch elektrisch verstärkte Instrumente ein. Ein großer Erfolg wurde das Stück „Black Angels" für elektrisch verstärktes Streichquartett (1979).

Außerhalb Amerikas wurde Crumb erst ab 1972 bekannter. Er erhielt Auszeichnungen und Preise. Mittlerweile hat er mehr als fünf Ehrenpromotionen und ist Mitglied der Akademie der Künste in Berlin und in der International Cultural Society of Korea.

Die Uraufführung des Orchesterwerks Star-Child unter Pierre Boulez in New York 1977 wurde zu einem seiner größten Erfolge.

Stilrichtung: **Neue Einfachheit**

Komponist: **Arvo Pärt**

Thema: **Begegnung mit der Komposition „Sarah was ninety years old"**

✓	Musizieren
✓	Kompositionstechnik
	Musikalische Grundkenntnisse
✓	Komponistenporträt
✓	Schulinstrumentarium
	Eigene Schülerinstrumente
✓	Fächerverbindung
✓	Soziales Lernen
5–7	Stundenumfang
*	Vorbereitung

Möglicher Verlauf der Unterrichtseinheit:

Einführung

Erste Höreindrücke von „Sarah was ninety years old".

Der Komponist und das Kompositionsverfahren

Fotos zu Komponist und Werk.
Biographie (Lehrervortrag und Lückentext).

Analyse: Die ersten 40 Takte

Strukturelle Erfassung der ersten 40 Takte der Komposition „Sarah was ninety years old" (Arbeitsblatt).

Die Übungsphase: Musizieren

Eigene Komposition in Gruppen erstellen und proben.

Präsentation

Eigene Kompositionen werden vorgetragen.

Erweiterte Aufgabenstellung (Differenzierungsmöglichkeit)

weitere Komposition beispielsweise mit jeweils 5 Schlägen und 2 Pausen erstellen (Schüler können PC einbinden; dadurch Verbindung zu Informatik und neuen Medien im Musikunterricht).

Weitere unterrichtliche Möglichkeiten

a) Fächerverbindung zu Bildender Kunst: Gestaltung mit Farben.
b) Gestaltung einer Präsentation mit Lichteffekten.

1. Einführung:

Die ersten Takte von „Sarah was ninety years old" werden abgespielt. Als Höraufgabe sollen sich die Schülerinnen und Schüler Bilder bzw. Szenen zu dieser Musik vorstellen. Dabei erleben die Schülerinnen und Schüler die Konfrontation mit einem für sie völlig neuen Musikstil. Gerade das Ungewohnte und Fremde, die Spannung und zugleich das Geheimnisvolle dieser Musik regt die Fantasie an. Diese Höreindrücke werden in einem Klassengespräch verbalisiert. Dabei geht es weniger um die Kompositionstechnik sondern vielmehr um Bilder, Gefühle und das „Geschehen" in der Musik. Auch die Frage nach den Instrumenten sollte angesprochen werden. Um eine Vorstellung der Instrumente zu bekommen, werden Fotos der Djembén gezeigt.

Der Komponist und das Kompositionsverfahren:

Es bietet sich an, nun den Bezug zum Komponisten herzustellen. Die Biografie kann den Schülerinnen und Schülern anhand des Lückentextes (siehe Arbeitsblatt) vermittelt werden. Sollten Möglichkeiten der Internetnutzung vorhanden sein, bietet sich eine Recherche im Internet an; dort finden sich zahlreiche weitere Informationen über den Komponisten und dessen derzeitigen Projekte. Die Schaffung eines Bezugs zur Person hilft, die Musik – und somit auch die Kompositionstechnik – besser verstehen zu können.

In einem weiteren Schritt werden einzelne kompositorische Elemente betrachtet: Die Djembén erklingen im 7-er Takt, wobei auf den Zählzeiten 5, 6 und 7 jeweils eine Pause ist. Die Schülerinnen und Schüler sollen nun die Anzahl der Zählzeiten herausfinden, auf die eine Pause kommt. Hierbei kommt leicht die Schwierigkeit auf, das Tempo während den Pausenzeiten zu halten. Als Hilfe dazu bietet sich an, mit den Fingern den Takt zu tippen. Bei dieser Übung werden die unterschiedlichen musikalischen Fähigkeiten der einzelnen Schülerinnen und Schüler deutlich. Es bietet sich daher an, kleine Teams mit Tutoren zu bilden und somit die Zusammenarbeit und gegenseitige Hilfe zu fördern.
Die Schülerinnen und Schüler erkennen somit, dass die zunächst einfach erklingende Musik mit musikalischen Schwierigkeiten behaftet ist und daher musikalische Kompetenz erfordert.

Analyse: Die ersten 40 Takte:

Der Aufbau der ersten 40 Takte ist für die nun folgenden Unterrichtsstunden interessant. Auf zwei Djembén werden nach einer bestimmten Struktur hohe und tiefe Töne gespielt. Diese Struktur soll von den Schülerinnen und Schülern selbst herausgefunden werden. Eine leere Partitur (Arbeitsblatt zum eintragen) dient als Hilfe dafür.

Die Struktur der ersten 40 Takte (je 7 Schläge):

Motiv I	tief I tief I tief I hoch I pause I pause I pause (4x)	Takt 1–4
Motiv II	tief I tief I hoch I tief I pause I pause I pause (4x)	Takt 5–8
Motiv III	tief I hoch I tief I tief I pause I pause I pause (4x)	Takt 9–12
Motiv IV	hoch I tief I tief I tief I pause I pause I pause (4x)	Takt 13–16
Motiv I	tief I tief I tief I hoch I pause I pause I pause (3x)	Takt 17–19
Motiv II	tief I tief I hoch I tief I pause I pause I pause (3x)	Takt 20–22
Motiv III	tief I hoch I tief I tief I pause I pause I pause (3x)	Takt 23–25
Motiv IV	hoch I tief I tief I tief I pause I pause I pause (3x)	Takt 26–28
Motiv I	tief I tief I tief I hoch I pause I pause I pause (2x)	Takt 29–30
Motiv II	tief I tief I hoch I tief I pause I pause I pause (2x)	Takt 31–32
Motiv III	tief I hoch I tief I tief I pause I pause I pause (2x)	Takt 33–34
Motiv IV	hoch I tief I tief I tief I pause I pause I pause (2x)	Takt 35–36
Motiv I	tief I tief I tief I hoch I pause I pause I pause (lx)	Takt 37
Motiv II	tief I tief I hoch I tief I pause I pause I pause (1x)	Takt 38
Motiv III	tief I hoch I tief I tief I pause I pause I pause (lx)	Takt 39
Motiv IV	hoch I tief I tief I tief I pause I pause I pause (lx)	Takt 40

Die Komposition

Im weiteren Verlauf sollen die Schülerinnen und Schüler nun selbst zu Komponisten werden. Hierzu werden kleine Gruppen eingeteilt. Die Arbeitsanweisungen müssen genau formuliert werden, damit alle wissen, was zu tun ist. Da die Gruppen selbstständig arbeiten sollen, steht die Eigenverantwortung der einzelnen Gruppenmitglieder im Mittelpunkt. Während der Gruppenarbeitsphase hat die Lehrperson die Funktion der beratenden Unterstützung. Am Ende dieser Arbeitsphase werden die selbst erarbeiteten Kompositionen vorgestellt.

Die Taktart in der Aufgabenstellung weicht vom Original bewusst ab. Gefordert wird von den Schülerinnen und Schülern eine Transferleistung bei der Umsetzung in ein verändertes Grundschema, nämlich einen 5er-Takt statt dem ursprünglichen 7er-Takt.

Die der Komposition zugrundeliegende Struktur kann von den Schülerinnen und Schülern selbst „erfunden" und festgelegt werden. An dieser Stelle ist für die Lehrperson ersichtlich, ob das Kompositionsprinzip verstanden wurde oder nicht. In diesem Fall wird die Arbeit von Gruppen geleistet, während eine mögliche Hausaufgabe – erstellen einer Komposition in einer weiteren Takteinheit – darüber hinaus individuell bewältigt werden muss.

Die Übungsphase: Musizieren

Eigenständiges Üben und Musizieren steht hier im Mittelpunkt. Die Aufgaben sind so aufgebaut, dass selbstständiges Arbeiten möglich ist.

Die Schülerinnen und Schüler üben nicht mit Instrumenten, da dies im Klassenzimmer unrealistisch ist. Es wird auf einfache Mittel zurückgegriffen wie Body Percussion oder Stifte. Hinzu kommt, dass somit die Konzentration auf das Wesentliche gerichtet wird. Später, wenn die Aufführung stattfindet, bekommen die Schülerinnen und Schüler ein Instrumentarium bereitgestellt. Ein Transfer auf das entsprechende Instrument ist problemlos.

Hinweise zur Gruppenarbeit:

Neben den rein musikalischen Inhalten werden auch erzieherische Ziele angestrebt. Effiziente Arbeit in Gruppen erfordert eine entsprechende Arbeitsorganisation. Für die Schülerinnen und Schüler ist die Wahl eines Gruppensprechers/einer Gruppensprecherin und die Vereinbarung von Arbeitsregeln (z.B. Wenn einer redet, sind die anderen still, alle werden respektiert, einander zuhören,) hilfreich. Selbstverantwortliches und eigenständiges Lernen wird dadurch gefördert und Disziplinprobleme können durch einen Hinweis auf die von den Schülerinnen und Schülern selbst aufgestellten Regeln leicht bewältigt werden. Die Gruppe steht im Vordergrund und nur wenn diese gut organisiert ist, wird das Ergebnis zufriedenstellend. Miteinander musizieren, erfordert neben der Mitarbeit und Aufmerksamkeit aller auch den kompetenten Umgang mit Konflikten.

Präsentation

Schülerinnen und Schüler lernen, ihre Arbeitsergebnisse vorzutragen. Dabei müssen sich sowohl die Vortragenden als auch das „Publikum" in ihre Rollen einfinden und wohlfühlen. Es ist sinnvoll, eine „Bühne" zu gestalten, sodass beim Betreten der Bühnenfläche auch die Rolle des Musikers angenommen werden kann. Es genügt hierbei, eine entsprechende Fläche im Klassenzimmer zur Bühne zu erklären, diese ggf. durch ein Klebeband auf dem Boden abzugrenzen und Regeln zum Verhalten auf der Bühne aufzustellen.

Die Aufführung kann entsprechend dem vorhandenen Instrumentarium gestaltet werden, indem nun diverse Instrumente eingesetzt werden. Während der Übungsphase ist dies aus Gründen der Lautstärke im Klassenzimmer nahezu undenkbar, es sei denn, man hat verschiedene Übungsräume und genügend Instrumente zur Verfügung. In erster Linie bietet sich das Schlagzeug mit entsprechenden Toms an. Stand- und Hängetom können jeweils für hohe bzw. tiefe Töne eingesetzt werden. Es ist auf eine dem Charakter des Stückes entsprechende Spielweise zu achten!

Die Kompositionstechniken der einzelnen Gruppen unterscheiden sich je nach erfundener Struktur. Jede Gruppe schreibt ihre eigene Komposition zusätzlich auf eine Folie und präsentiert diese. Das Publikum soll herausfinden, welches Prinzip zugrunde liegt.

Beispielsweise: *„Am Anfang werden drei Muster (Motive) vorgestellt: hoch tief tief; tief hoch tief; tief tief hoch. Danach wird jedes der Muster (Motiv) jeweils zweimal wiederholt, im letzten Durchgang dann dreimal."*

Das „Durchschauen" des Prinzips hat für die Schülerinnen und Schüler des Publikums einen hohen Aufforderungscharakter und wird daher als Knobelaufgabe empfunden. Zugleich entwickelt sich eine Beziehung und Neugier zur folgenden musikalischen Umsetzung – die Aufmerksamkeit ist entsprechend groß!

Bewertung der Präsentation

Die Bewertung wird aus drei Perspektiven vorgenommen: zunächst soll die aufführende Gruppe selbst ihre Eindrücke schildern. Die zu stellende Frage „was war gut, woran kann noch gearbeitet werden?" soll helfen, positive und weniger positive Aspekte zu erkennen. Dabei wird die Wahrnehmung und Selbstbewertung gefördert. In einem zweiten Schritt wird das Publikum um Rückmeldung gebeten. Decken sich nun die Aussagen? Hier wird Fremd- und Selbstwahrnehmung unterschieden. Das Feedback des Lehrers folgt zum Schluss – in der Regel als Resümee aus den beiden bisher genannten Rückmeldungen. Unter musikalischer Sicht ist diese Phase von großer Bedeutung, da hierauf beispielsweise eine weitere Probenphase folgen kann, in der dann konkrete Probenarbeit (z.B. Tempo genau einhalten) verlangt werden kann.

Möglicher Stundeneinstieg (beliebig einzusetzen in Folgestunden)

Als stummer Impuls werden Tafelkarten („Sarah was ninety years old") an die Tafel gehängt und gleichzeitig „Sarah was ninety years old" eingespielt. Hierbei werden die bereits erlernten Informationen durch stummen Impuls abgerufen. Als weitere Anregung können dabei Folienschnipsel (mit fragenden Impulsen wie z.B. Name des Komponisten oder Musikstils?) dienen.

Folie:

Bild 1:
(Einstieg)

Bild 2:

Bild 3:

Didaktischer Kommentar zu den Fotos:

Die Fotos können auf Folie kopiert werden und dienen zur Visualisierung. Schülerinnen und Schüler nehmen die Komposition anders wahr, wenn sie bildhafte Vorstellungen (z.B. der Djembén, die mit den Filzschlegeln gespielt werden) haben. Außerdem ist der Komponist des Werkes bei der Einstudierung mit dem Djembénspieler zu sehen.
Foto 1 kann in der Einstiegsphase der ersten Stunde, die anderen beiden Fotos nach dem ersten Arbeitsblatt oder auch an jeder anderen beliebigen Stelle (z.B. als Ergänzung zu einem Lehrervortrag) in das unterrichtliche Geschehen eingebaut werden.

Arbeitsblatt

SARAH WAS NINETY YEARS OLD

Arvo Pärt

Zählzeit	1	2	3	4	5	6	7	1	2	3	4	5	6	7	1	2	3	4	5	6	7	1	2	3	4	5	6	7
Hoch					𝄽	𝄽	𝄽					𝄽	𝄽	𝄽					𝄽	𝄽	𝄽					𝄽	𝄽	𝄽
Tief					𝄽	𝄽	𝄽					𝄽	𝄽	𝄽					𝄽	𝄽	𝄽					𝄽	𝄽	𝄽

Zählzeit	1	2	3	4	5	6	7	1	2	3	4	5	6	7	1	2	3	4	5	6	7	1	2	3	4	5	6	7
Hoch					𝄽	𝄽	𝄽					𝄽	𝄽	𝄽					𝄽	𝄽	𝄽					𝄽	𝄽	𝄽
Tief					𝄽	𝄽	𝄽					𝄽	𝄽	𝄽					𝄽	𝄽	𝄽					𝄽	𝄽	𝄽

Zählzeit	1	2	3	4	5	6	7	1	2	3	4	5	6	7	1	2	3	4	5	6	7	1	2	3	4	5	6	7
Hoch					𝄽	𝄽	𝄽					𝄽	𝄽	𝄽					𝄽	𝄽	𝄽					𝄽	𝄽	𝄽
Tief					𝄽	𝄽	𝄽					𝄽	𝄽	𝄽					𝄽	𝄽	𝄽					𝄽	𝄽	𝄽

Zählzeit	1	2	3	4	5	6	7	1	2	3	4	5	6	7	1	2	3	4	5	6	7	1	2	3	4	5	6	7
Hoch					𝄽	𝄽	𝄽					𝄽	𝄽	𝄽					𝄽	𝄽	𝄽					𝄽	𝄽	𝄽
Tief					𝄽	𝄽	𝄽					𝄽	𝄽	𝄽					𝄽	𝄽	𝄽					𝄽	𝄽	𝄽

Zählzeit	1	2	3	4	5	6	7	1	2	3	4	5	6	7	1	2	3	4	5	6	7	1	2	3	4	5	6	7
Hoch					𝄽	𝄽	𝄽					𝄽	𝄽	𝄽					𝄽	𝄽	𝄽					𝄽	𝄽	𝄽
Tief					𝄽	𝄽	𝄽					𝄽	𝄽	𝄽					𝄽	𝄽	𝄽					𝄽	𝄽	𝄽

Zählzeit	1	2	3	4	5	6	7	1	2	3	4	5	6	7	1	2	3	4	5	6	7	1	2	3	4	5	6	7
Hoch					𝄽	𝄽	𝄽					𝄽	𝄽	𝄽					𝄽	𝄽	𝄽					𝄽	𝄽	𝄽
Tief					𝄽	𝄽	𝄽					𝄽	𝄽	𝄽					𝄽	𝄽	𝄽					𝄽	𝄽	𝄽

Zählzeit	1	2	3	4	5	6	7	1	2	3	4	5	6	7	1	2	3	4	5	6	7	1	2	3	4	5	6	7
Hoch					𝄽	𝄽	𝄽					𝄽	𝄽	𝄽					𝄽	𝄽	𝄽					𝄽	𝄽	𝄽
Tief					𝄽	𝄽	𝄽					𝄽	𝄽	𝄽					𝄽	𝄽	𝄽					𝄽	𝄽	𝄽

Zählzeit	1	2	3	4	5	6	7	1	2	3	4	5	6	7	1	2	3	4	5	6	7	1	2	3	4	5	6	7
Hoch					𝄽	𝄽	𝄽					𝄽	𝄽	𝄽					𝄽	𝄽	𝄽					𝄽	𝄽	𝄽
Tief					𝄽	𝄽	𝄽					𝄽	𝄽	𝄽					𝄽	𝄽	𝄽					𝄽	𝄽	𝄽

Zählzeit	1	2	3	4	5	6	7	1	2	3	4	5	6	7	1	2	3	4	5	6	7	1	2	3	4	5	6	7
Hoch					𝄽	𝄽	𝄽					𝄽	𝄽	𝄽					𝄽	𝄽	𝄽					𝄽	𝄽	𝄽
Tief					𝄽	𝄽	𝄽					𝄽	𝄽	𝄽					𝄽	𝄽	𝄽					𝄽	𝄽	𝄽

Zählzeit	1	2	3	4	5	6	7	1	2	3	4	5	6	7	1	2	3	4	5	6	7	1	2	3	4	5	6	7
Hoch					𝄽	𝄽	𝄽					𝄽	𝄽	𝄽					𝄽	𝄽	𝄽					𝄽	𝄽	𝄽
Tief					𝄽	𝄽	𝄽					𝄽	𝄽	𝄽					𝄽	𝄽	𝄽					𝄽	𝄽	𝄽

Arbeitsblatt

BIOGRAFIE: ARVO PÄRT

Arvo Pärt wurde am __________ in Paide (Estland; Staat in der ehemaligen UdSSR) geboren. Bis 1967 arbeitete er als ____________ beim estnischen Rundfunk. Nach seinem __________ in Tallinn und Reval ____________ er 1980 sein Heimatland. Seit 1981 lebt er nun in Berlin.

Er selbst bezeichnet seinen eigenen ____________ *tintinnabuli* (lat; zu dt. = Glöckchen, Schelle, Klingel). Gegenüber den ____________ Kompositionsstilen des 20. Jahrhunderts (z.B. 12-Ton-Technik) arbeitet Pärt mit __________ Stilmitteln. So verwendet er beim Komponieren eines relativ langen Zeitraums nur __________ Töne (bei z.B. „Sarah was ninety years old"). Dieser Musikstil wird dementsprechend ________________ genannt.

1977 entstand „Sarah was ninety years old", die der Este für drei Solostimmen, Orgel und __________ [Djembén (afrikanische Trommeln), die mit Filzschlegeln gespielt werden] komponierte. Das Musikstück besteht aus zwei ____________: In einem Element erklingen die Percussion-Instrumente, im zweiten Element sind __________ (Sopran/Tenor/Tenor) und Orgel zu hören. Beide Elemente ____________ sich in diesem 25 Minuten dauernden Stück mehrmals ab.

Mit diesen Begriffen kannst du die Lücken im Text füllen:

Neue Einfachheit	komplizierten	Studium	Kompositionsstil	drei
wechseln	Tonmeister	Percussion	Solostimmen	wenige
Elementen	11.09.1935	einfachen	verließ	Berlin

Lösungsblatt

BIOGRAFIE: ARVO PÄRT

Arvo Pärt wurde am 11.09.1935 in Paide (Estland; Staat in der ehemaligen UdSSR) geboren. Bis 1967 arbeitete er als Tonmeister beim estnischen Rundfunk. Nach seinem Studium in Tallinn und Reval verließ er 1980 sein Heimatland. Seit 1981 lebt er nun in Berlin.

Er selbst bezeichnet seinen eigenen Kompositionsstil *tintinnabuli* (lat; zu dt. = Glöckchen, Schelle, Klingel). Gegenüber den komplizierten Kompositionsstilen des 20. Jahrhunderts (z.B. 12-Ton-Technik) arbeitet Pärt mit einfachen Stilmitteln. So verwendet er beim Komponieren eines relativ langen Zeitraums nur wenige Töne (bei z.B. „Sarah was ninety years old"). Dieser Musikstil wird dementsprechend *Neue Einfachheit* genannt.

1977 entstand „Sarah was ninety years old", die der Este für drei Solostimmen, Orgel und *Percussion* [Djembén (afrikanische Trommeln), die mit Filzschlegeln gespielt werden] komponierte. Das Musikstück besteht aus zwei *Elementen*: In einem Element erklingen die Percussion-Instrumente, im zweiten Element sind Solostimmen (Sopran/Tenor/Tenor) und Orgel zu hören. Beide Elemente wechseln sich in diesem 25 Minuten dauernden Stück mehrmals ab.

Tafelkarten:

- TIPP: zum Einstieg in die zweite Unterrichtsstunde
- Tafel geschlossen, dahinter die Karten in chaotischer Anordnung zur korrekten Anordnung des Titels
- TIPP: farbig (z.B. gelb) zur besseren Abhebung von der Tafelfläche und laminieren (wegen Wiederverwendung)

SARAH

WAS

NINETY

YEARS

OLD

Arbeitsauftrag

Namen der Komponisten:

1. Wer ist euer Gruppensprecher?____________________

2. Arbeitsregeln:
   a) ____________________
   b) ____________________
   c) ____________________

3. Komponiert euer eigenes Stück im Stil von ***ARVO PÄRT***. Das beiliegende Schema wird euch dabei helfen. Tragt die Komposition auf dem Blatt auf der Folie genau gleich ein, damit bei der Aufführung alle mitlesen können, was ihr komponiert habt.

   a) Wer übernimmt den **hohen** Ton? (wird geklatscht!)

   ____

   b) Die anderen Gruppenmitglieder übernehmen den **tiefen** Ton: (werden gestampft!)

   ____________________ ____________________

   c) Wer übernimmt das Zählen (Metrum)?

   ____

ACHTUNG:

In jeder Einheit (Takt) darf nur ein hoher Ton eingetragen werden. Tragt zunächst in allen Takten die hohen Töne ein und ergänzt danach die tiefen Töne. Überlegt euch, nach welchem System ihr die Komposition aufbaut.
Übt eure Komposition durch Klatschen bzw. Stampfen mehrmals, sodass ihr sie euren Mitschülern vorspielen könnt!

(Vorsicht: Nach jedem dritten Schlag müsst ihr 2/4 Pause einhalten)

Eigene Komposition

Zählzeit	1	2	3	4	5	6	7	3	4	5	1	2	3	4	5
Hoch				𝄽	𝄽				𝄽	𝄽				𝄽	𝄽
Tief				𝄽	𝄽				𝄽	𝄽				𝄽	𝄽

Zählzeit	1	2	3	4	5	6	7	3	4	5	1	2	3	4	5
Hoch				𝄽	𝄽				𝄽	𝄽				𝄽	𝄽
Tief				𝄽	𝄽				𝄽	𝄽				𝄽	𝄽

Zählzeit	1	2	3	4	5	6	7	3	4	5	1	2	3	4	5
Hoch				𝄽	𝄽				𝄽	𝄽				𝄽	𝄽
Tief				𝄽	𝄽				𝄽	𝄽				𝄽	𝄽

Zählzeit	1	2	3	4	5	6	7	3	4	5	1	2	3	4	5
Hoch				𝄽	𝄽				𝄽	𝄽				𝄽	𝄽
Tief				𝄽	𝄽				𝄽	𝄽				𝄽	𝄽

Zählzeit	1	2	3	4	5	6	7	3	4	5	1	2	3	4	5
Hoch				𝄽	𝄽				𝄽	𝄽				𝄽	𝄽
Tief				𝄽	𝄽				𝄽	𝄽				𝄽	𝄽

Minimal Music/Philip Glass

Baustein E

Stilrichtung: **Minimal Music**

Komponist: **Philip Glass**

Thema: **Begegnung mit der Kompositionstechnik der Minimal Music**

✓	Musizieren
✓	Kompositionstechnik
✓	Musikalische Grundkenntnisse
	Komponistenporträt
✓	Schulinstrumentarium
✓	Eigene Schülerinstrumente
	Fächerverbindung
✓	Soziales Lernen
5–7	Stundenumfang
***	Vorbereitung

Möglicher Verlauf der Unterrichtseinheit:

Einführung

Hören, Analysieren, grafisch Notieren, Hefteintrag.

Musizieren I

Bausteine kennen lernen und in (Experten-)Gruppen üben.

Musizieren II

Eigene Komposition in (Stamm-)Gruppen zusammenstellen, üben und präsentieren.

Erweiterung und Differenzierung

Vertiefung, Veränderung, Ergänzung und Reflexion der Komposition.

In Anlehnung an den amerikanischen Komponisten Philip Glass entstand eine auf (Klassen)musizieren basierende mehrstündige Unterrichtskonzeption. Ziel ist hierbei die Verknüpfung verschiedener musikalischer Lernebenen: Theorie wurde mit Praxis verknüpft, wodurch sich eine Wechselwirkung ergab. Zum Einen wurden fachwissenschaftliche Elemente vermittelt, auf dessen Grundlagen eigene, der Minimal Music entsprechende Kompositionen von Schülergruppen selbst hergestellt wurden. Zum Anderen ergab sich durch eigenes Musizieren für die Schülerinnen und Schüler der Einblick in die Kompositionstechnik der Minimal Music. Die musikalische Produktion erfolgte sowohl mit dem Schulinstrumentarium, mit schülereigenen Instrumenten als auch mit Hilfe des PC.

Die Konzeption basiert auf drei Bausteinen:

✓ Rhythmus,
✓ Melodie,
✓ Harmonie,

die unter gewissen Auflagen beliebig miteinander kombiniert werden können.

Einführung:

Auf der Grundlage des Hörens (als rezeptiver Zugang) erfolgt der Einstieg in die Unterrichtseinheit. Hierzu wird das Stück *Metamorphosis One* von Philip Glass gewählt. Das konzentrierte Hören dient zur Vorbereitung und Herstellung einer grafischen Notation. Das Hörbeispiel muss in der Phase des grafischen Anlegens durch die Schülerinnen und Schüler mehrmals eingespielt werden. (Tipp: Manche Schüler auf eine Folie zeichnen lassen, die als Einstieg in die Diskussion dienen.) Danach folgt die Besprechung der Schülerergebnisse.

Die Schülerinnen und Schüler erkennen an ihren eigenen grafischen Notationen, dass sich das Stück aus drei Bausteinen zusammensetzt, die minimalen Veränderungen unterliegen. Die abgebildete Notation eines Schülers kann ggf. zum Vergleich mit den Notationen Ihrer Schüler herangezogen oder als Einstieg in die Folgestunde verwendet werden.

Beispiel für eine Grafische Notation zu Metamorphose I von Philip Glass:

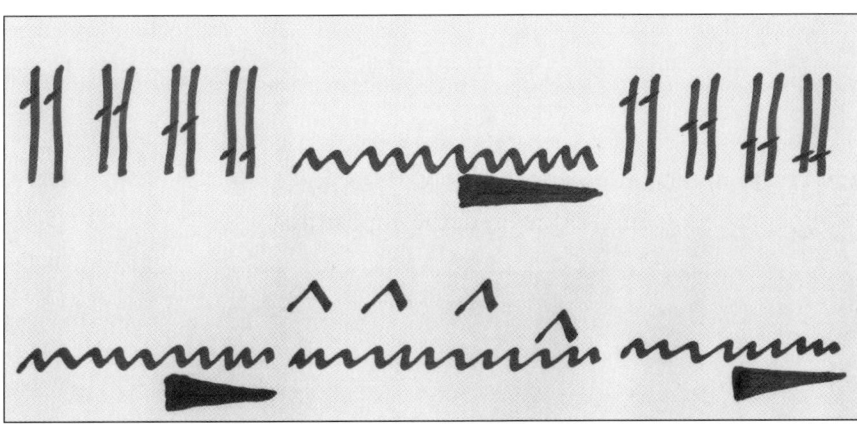

Zum Abschluss können die wichtigsten Begriffe zusammengefasst und schriftlich fixiert (siehe Tafelbild) werden.

Minimal Music

ständige Wiederholung	**minimale Veränderungen:** melodisch und rhythmisch	**einfache Klänge** mit meditativem Charakter	**minimale Verschiebungen**

Musizieren I:

Mit einem „Foto-Klick"-Spiel (= reduziertes Feature mit Folienstreifen; siehe Material) werden die wichtigsten Kompositionsprinzipien der Minimal Music aus der letzten Stunde wiederholt.

Zur Methode: Die Schülerinnen und Schüler werden aufgefordert, die Augen zu schließen. Ein Klatschen der Lehrperson ist das Signal, die Augen zu öffnen, wobei ein Begriff sichtbar wird (z.B. *minimale Veränderungen*). Bei einem weiteren Klatschen schließen die Schülerinnen und Schüler die Augen wieder. Diese Zeremonie wird mehrmals wiederholt bis alle Begriffe wieder präsent sind. Während dieser Phase hört die Klasse das ihnen bereits bekannte Musikstück *Metamorphosis One*.

Die Klasse wird in drei Arbeitsgruppen eingeteilt. Es entstehen sog. „Expertengruppen" für die Bausteine Melodie, Harmonie und Rhythmus. Je nach Klassengröße empfiehlt sich die Bildung von Parallelgruppen, die auch als Kontrollgruppen fungieren können. Jede Gruppe erhält eine Arbeitsanweisung (siehe Material) zum Eintragen und Üben des jeweiligen Bausteins.

Da die Rhythmusgruppe die anspruchsvollste Aufgabe hat, kann sie ggf. zunächst unter Leitung der Lehrkraft ihre Arbeit aufnehmen.

Es empfiehlt sich die drei Gruppen mit den benötigten Instrumenten in drei Räume oder in verschieden Ecken des Raumes zu schicken.

Am Ende der Stunde sollten alle Gruppen ihre Teilergebnisse, d.h. das Zusammensetzen und Üben ihres Bausteines vor dem Plenum vorspielen.

Eine Synthese von Kognition und Aktion (im Sinne einer Reflexion) wird vorbereitet für die folgende Stunde. Das Ziel dieser zweiten Stunden ist die erste praktische Begegnung der Schülerinnen und Schüler mit der Kompositionstechnik der Minimal Music durch das Üben aller beteiligten Bausteine und deren minimalen Veränderungen.

Vorbemerkung zur Folgestunde:

In der ersten Phase sind die verschiedenen Grundbausteine Rhythmus, Melodie und Harmonie in arbeitsteiliger Gruppenarbeit erarbeitet worden. In diesen Gruppen wurden sozusagen „Experten" ausgebildet, die sich nun in der Folgestunde in neu zusammengesetzten Gruppen treffen, um zunächst das Zusammenspiel der jeweils mitgebrachten Bausteine zu üben und im weiteren Verlauf eine eigene Komposition herzustellen.

Im folgenden ist die unterschiedliche Zusammensetzung der Gruppen nochmals skizziert:

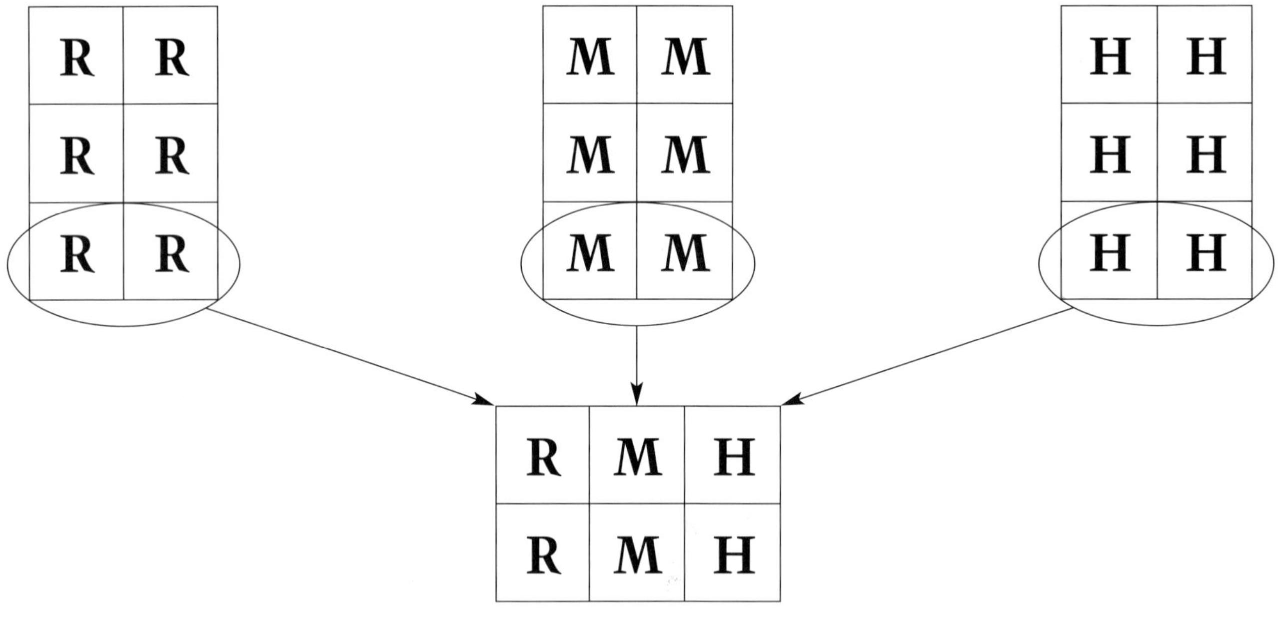

R = Rhythmus; M = Melodie; H = Harmonie

Musizieren II:

Auf dem Boden liegen acht laminierte „Nummern-Schilder“, die den SchülerInnen den Platz zuweisen und als Visualisierungshilfe dienen sollen. Acht Schülerinnen und Schüler werden aufgefordert, sich hinter die „Nummernschilder“ zu stellen.

Die ausgewählten Schülerinnen und Schüler erhalten folgende Arbeitsanweisung: Jeder Spieler klatscht nach Vorgabe eines Metrums (Schüler oder Lehrkraft mit Drumsticks) jeweils einmal, sodass hintereinander acht Schläge zu hören sind. Dies entspricht dem durchgängigen Grundschlag der nachfolgenden Komposition. Es erfolgt ggf. eine Korrektur mit Wiederholung des Vorspiels, falls musikalische Mängel auftreten sollten. Nun werden drei weitere Schülerinnen/Schüler aufgefordert, sich vor Platz 1, 5 und 7 zu stellen. Sie erhalten ein passendes Rhythmusinstrument (z.B. Pauke, Handtrommel), das Betonungen im Metrum verdeutlichen soll.

Schüler 1	Schüler 2	Schüler 3	Schüler 4	Schüler 5	Schüler 6	Schüler 7	Schüler 8
1	**2**	**3**	**4**	**5**	**6**	**7**	**8**
Schüler mit Instrument			(beim 2. Mal) ←	**Schüler mit Instrument**		**Schüler mit Instrument**	

Zuordnungsverfahren: Die Schülerinnen und Schüler im Plenum erhalten parallel dazu die Aufgabe, die gespielten Bausteine zu bestimmen. ***(analytisches Hören)*** Nach zwei Durchgängen erläutern die SchülerInnen, die im Plenum sitzen, welche Bausteine vorgespielt wurden. Falls die richtige Lösung genannt wurde, wird die Person, die vor Platz 5 steht, nach Platz 4 verschoben. Die Gruppe spielt erneut vor. Nun ergeben sich andere Bausteine (3 + 3 + 2), die vom Plenum herauszufinden sind.

Diese Phase wurde deshalb konzipiert, weil das Metrum (aus Rhythmusbausteinen) die Basis für die nachfolgende Komposition ist. Es ist deshalb so wichtig, weil die anderen Elemente (Harmonie, Melodie) darauf aufbauend eingetragen werden.

In der Phase der Hinführung wird nun zum erarbeiteten Rhythmus ein Melodiebaustein gespielt. Dies kann zum Beispiel ein Schüler/eine Schülerin oder auch die Lehrkraft mit einem Melodieinstrumente wie z.B. Querflöte, Trompete übernehmen. Hier soll für die Schüler deutlich werden, wie sich die Elemente (Rhythmus, Melodie, Harmonie) in der nachfolgenden Komposition aufbauen lassen. An dieser Stelle wird auch ein Schüler mit einem Harmoniebaustein, den er/sie auf dem Flügel spielt, einbezogen, sodass alle musikalischen Elemente aktiviert sind, die für die Komposition benötigt werden. Ziel ist es, die Zusammensetzung zu verdeutlichen.

Beispiel:

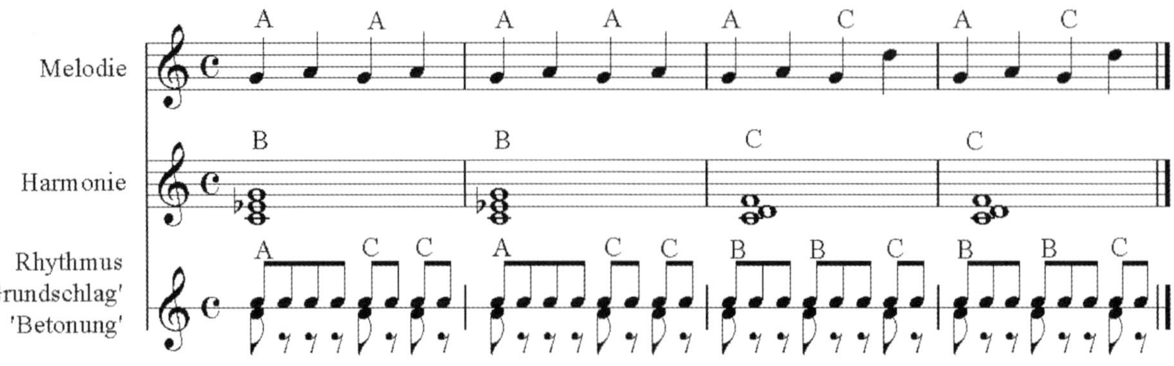

Die Phase der Überleitung zur arbeitsgleichen Gruppenarbeit beginnt mit einem Impuls: „Heute seid ihr Komponisten!" Die Lehrperson sollte aus Gründen des besseren Verständnisses die Vorgehensweise für die Arbeitsphase demonstrieren. Eine auf A 1 oder A 0 kopierte Spielpartitur wird vor die SchülerInnen auf den Boden gelegt. In diese Partitur wird nun zunächst einer der beiden Rhythmen (3 + 3 + 2 oder 2 + 2 + 4), die die acht Personen zu Beginn gespielt haben eingetragen. Danach wird in gleicher Weise die Melodie (2 Bausteine, da 4/4-Takt), dann die Harmonie (1 Baustein) eingetragen. Hieran sehen die SchülerInnen, wie das Eintragen in die Partitur erfolgen muss, um das genaue Metrum zu erreichen.
Auch die Materialpakete sollten kurz erläutert werden. Es erscheint (bei entsprechenden räumlichen Bedingungen) sinnvoll, die Gruppen in verschiedenen Räumen arbeiten (eintragen und üben) zu lassen. Alle Gruppen sind ausgestattet mit einem Materialpaket und einer Zeitangabe, um selbstverantwortlich und zeitgerecht in Eigenverantwortung zu arbeiten.

ⓘ Das Eintragen der Bausteine erfolgt mit wasserlöslichen Stiften in eine laminierte Partitur, die wegen der besseren Übersichtlichkeit bewusst in der Größe A 3 gestaltet wurde. Die Laminierung hat den Vorteil, dass falsch oder unsauber eingetragene Noten leicht und schnell wieder weggewischt und mehrfach verwendet werden können.

Schülerinnen und Schüler begeben sich dann in neue Gruppen, die sich aus den Expertengruppen der vorangegangenen Stunde bilden. In diesen neuen Gruppen befinden sich nun Schülerinnen und Schüler mit allen drei Bausteinen (z.B. zwei Schüler mit Rhythmus, zwei mit Harmonie, zwei mit Melodie). Ziel ist es, gemeinsam in der Gruppe eine eigene Minimal Music-Komposition in eine Partitur einzutragen, diese zu üben und zu präsentieren.

Schülerinnen und Schüler reflektieren die eigenen Kompositionen nach der Präsentation im Hinblick auf die Kompositionsprinzipien der Minimal Music. Dabei soll erkannt werden, welche Prinzipien in welcher Form in der eigenen Komposition angewendet wurden. Schließlich wird eine vollständige Komposition (Synthese der einzelnen Gruppen) erstellt. Darin sollen dann alle vier gelernten Prinzipien angewendet werden.

Präsentation:

Am Ende der Unterrichtseinheit findet die Synthese der Arbeitsergebnisse statt. Zunächst wird eine Art „Konzertatmosphäre" geschaffen, die die Schülerinnen und Schüler in eine andere Stimmung versetzen soll. Aus Gründen der Motivation und Konzentration kann die Präsentation bei den Zuhörern im Plenum z.B. mit geschlossenen Augen durchgeführt werden.
In höheren Jahrgangsstufen ist es denkbar, dass das Publikum die vorgespielte Komposition in eine Partitur umsetzt. Dazu werden die Arbeitskarten verwendet. Zugleich ist dies eine sinnvolle Hörkontrolle. Dies ist deshalb möglich, weil allen Schülerinnen und Schülern die verwendeten Bausteine aller Kompositionen bekannt sind.

Möglichkeiten der Differenzierung und Erweiterung:

Im weiteren Verlauf werden die entstehenden Gruppenkompositionen, gestützt auf eine von den Schülerinnen und Schülern angelegte Spielpartitur musikalisch verfeinert. Auch werden in dieser Stunde Voraussetzungen für eigene Kreationen geschaffen, d.h. nach der Verinnerlichung der Kompositionsprinzipien und einer ersten Spielversion können in den nachfolgenden Stunden eigene Bausteine erfunden und in die Basiskomposition eingebaut werden. Aus pädagogischen Gründen ist eine namentliche Festlegung der einzelnen „Musikerinnen" und „Musiker" sinnvoll. Dadurch sind „Stimmen" (Bausteine) klar zugeordnet, darüber hinaus wird auch eine Identifikation mit dem eigenen Werk erleichtert.

Hinweis:

Die Stundenanzahl wird in dieser Vorgabe bewusst variabel gehalten. Sie richtet sich z.B. nach den Vorerfahrungen bzw. Zugang zur Musik unseres Jahrhunderts oder nach musikpraktischen Fertigkeiten einer Klasse.

„Foto-Click-Methode":

Dies ist eine Art „Feature" mit Hintergrundmusik, z.B. *Metamorphosis One* oder *Dance V*, jedoch ohne Fotos. Es kann je nach „Geschmack" der Lehrkraft variiert werden. Die nachfolgenden Informationen werden als Folienstreifen auf den OHP gelegt. Die Klasse öffnet und schließt die Augen, wenn die Lehrkraft ein Signal gibt (z.B. Klatschen). Beim Öffnen ist dann jeweils ein neuer Begriff zu sehen. Es würde sich anbieten, das Foto von Glass (aus Kapitel 4: Musikwissenschaftliche Übersicht) einzubauen. Der Kreativität sind keine Grenzen gesetzt ...

Minimal Music

- **USA 60er Jahre**

- **Komponisten z.B. Philip Glass**

- **minimale Veränderung des Rhythmus**

- **minimale Veränderung der Melodie**

- **ständige Wiederholungen**

- **einfache Klänge (mit meditativem Charakter)**

• • • • •

Philip Glass (*1937)

Arbeitsblatt

Die einzelnen musikalischen Bausteine und ihre Zusammensetzung

Folgende Bausteine (in Form von laminierten A 4-Arbeitskarten) stehen den Schülerinnen und Schülern zur Verfügung:

Melodie

A

B

C

Harmonie

A

B

C

Rhythmus

A

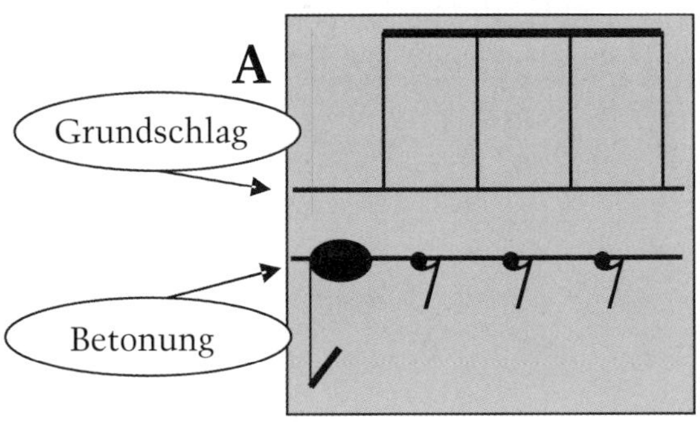

B

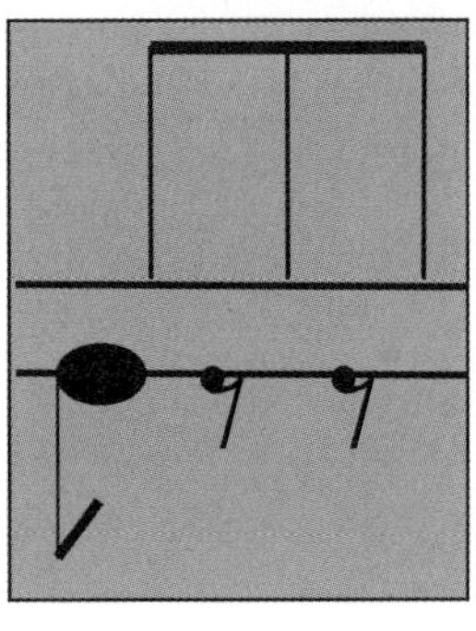

C

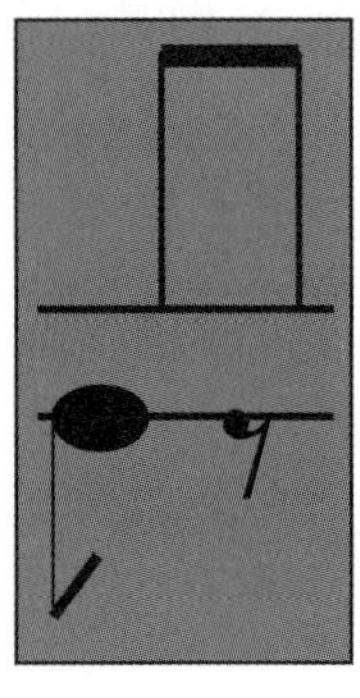

Erläuterung der Bausteine

Rhythmus

Das Stück *Dance V* von Philip Glass lieferte uns die Anregungen für ein rhythmisches Pattern, das von den Schülerinnen und Schülern gespielt werden kann.
Bestehend aus drei Bausteinen, die nur minimale Veränderungen beinhalten, können die Schülerinnen und Schüler durch Kombinationen, die sie selbst zusammenstellen eine eigene Komposition erstellen (vg.: Arbeitsmaterialien: Gruppe Rhythmus). Das Grundmuster der rhythmischen Bausteine besteht aus Achteln. Die Bausteine unterscheiden sich in der Anzahl der Schläge: Baustein A: zwei Achtel, Baustein B: drei Achtel und Baustein C: vier Achtel. Die Betonungen liegen stets auf der ersten Achtel, somit ergibt sich bei einer Kombination der Bausteine eine Akzentverschiebung entsprechend der Reihenfolge.

Didaktische Überlegung:

Im Sinne einer didaktischen Reduktion werden die durchlaufenden Achtel und die Betonungen auf zwei Stimmen – also auf zwei Schülerinnen bzw. Schüler – aufgeteilt. Es wäre zu schwierig für die Schülerinnen und Schüler, diese Betonungen musikalisch korrekt zu spielen. Die Rhythmusgruppe hat in der vorliegenden Stunde sicherlich die anspruchsvollste Aufgabe, daher muss eine Vereinfachung eingeplant werden: Diese besteht in der Reduktion der Anzahl der Bausteine und in der Verlangsamung des Tempos.
Bei der Zusammenstellung der Komposition kann darauf geachtet werden, dass in einem Durchgang genau 8 Achtelnoten verwendet werden. Spannender ist es jedoch, wenn das Schema durchbrochen wird, z. B. 7 oder 9 Achtelnoten verwendet werden. Das ergibt eine interessante Verschiebung.

Harmonie

Drei Akkorde bilden drei Bausteine. Diese sind so konzipiert, dass aus einer beliebigen Kombination mit den Melodietönen ein angenehmes Klangergebnis folgt. Zugrunde liegen minimale Veränderungen der einzelnen Akkordtöne. Baustein A ist ein C-Dur Akkord, Baustein B ein c-Moll Akkord und Baustein C ein verkürzter B9 Akkord. Der gemeinsame Ton aller drei Akkorde ist das c.

Bei der schulpraktischen Umsetzung beachten:

Alle drei Akkordtöne gleichzeitig auf dem Xylophon zu spielen ist für einzelne Schülerinnen und Schüler zu komplex. Daher werden die einzelnen Töne auf verschiedene Schülerinnen und Schüler aufgeteilt. Zwei der Schülerinnen und Schüler werden am Klavier bzw. Keyboard spielen – in diesem Fall werden alle Töne gespielt.
Je nach Tempo können die Töne auch mehrmals angeschlagen werden, da sonst der Klang nicht lange genug nachklingt.

Melodie

Den drei melodischen Bausteine liegen insgesamt vier Töne zugrunde: g',a',d',e'. Diese können ohne Weiteres oktaviert werden. Bausteine A, B und C können beliebig kombiniert werden: Einfachheit und minimale Veränderung (Kompositionsprinzipien der Minimal Music) kennzeichnen die entstehende Melodie.

Schwierigkeiten:

Beachtet werden muss bei eigenen Instrumenten der Schülerinnen die Stimmung, ggf. ist Transponieren nötig.

Rhythmus

1. Gruppenregeln einhalten.
2. Eure Komposition wird aus drei Bausteinen (A, B, C) bestehen. Tragt eure Namen ein:

Spielweise	Name:	Instrument:	Baustein:
Grundschlag			A
Betonung			
Grundschlag			B
Betonung			
Grundschlag			C
Betonung			

3. Der Gruppensprecher holt das Material ab.
4. Arbeitsblatt durchlesen und bearbeiten (mit Farben).
5. Alle schreiben ihren Baustein ins Heft.
6. Üben. (beide Versionen nacheinander mit Wiederholung)
7. Präsentation.

Rhythmus

Folgende rhythmische Bausteine stehen euch zur Verfügung:

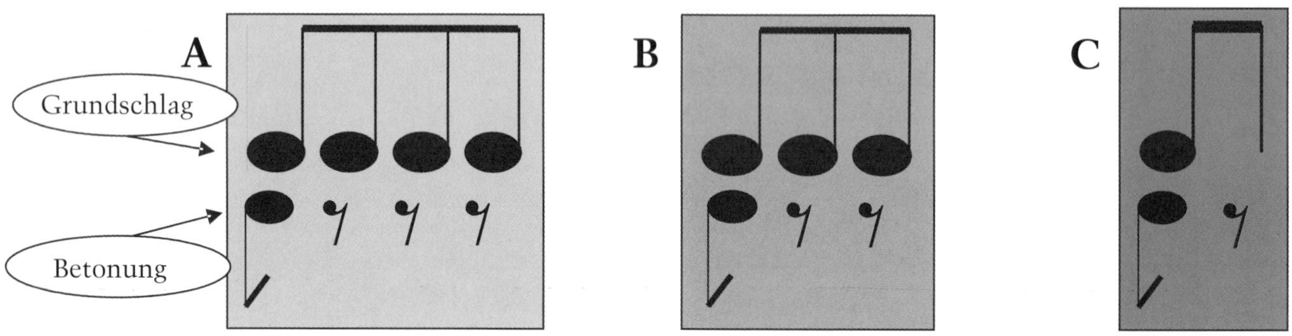

Ein Durchgang besteht aus drei Bausteinen, die in beliebiger Reihenfolge kombiniert werden können.

Achtung: 1 Durchgang muss genau aus 8 Achteln bestehen!

Ihr habt nun die Aufgabe mit Kärtchen zwei verschiedene Versionen zu legen und durch Spielen auszuprobieren.

Beispiel für einen Durchgang:

B	B	C

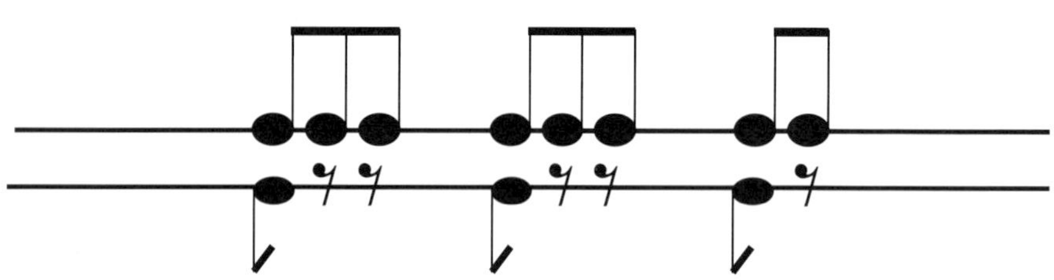

Unsere Version:

Notiert nun zwei Versionen, die euch gefallen haben!

1. Durchgang: (Bausteine farbig markieren!)

2. Durchgang: (Bausteine farbig markieren!)

Arbeitsauftrag

Harmonie

Gruppenname:

1. Gruppenregeln einhalten.
2. Wer ist euer Gruppensprecher? ____________________
3. Eure Komposition wird aus drei Bausteinen (A, B, C) bestehen.
   Tragt eure Namen ein:

Spielweise	Name:	Instrument:	Baustein:
Akkord		Klavier	A
Akkord		Klavier	
2 Akkordtöne		Xylophon	B
1 Akkordton		Xylophon	
2 Akkordtöne		Xylophon	C
Akkordton		Xylophon	

4. Der Gruppensprecher holt das Material ab.
5. Arbeitsblatt durchlesen und bearbeiten (mit Farben).
6. Üben. (beide Versionen nacheinander mit Wiederholung)
7. Präsentation.

Harmonie

Folgende harmonische Bausteine stehen euch zur Verfügung:

A

B

C

Ein Durchgang besteht aus drei Bausteinen, die in beliebiger Reihenfolge kombiniert werden können.

Ihr habt nun die Aufgabe, zwei Versionen in beliebiger Reihenfolge zu „komponieren“!

Beispiel für einen Durchgang:

B B C

Unsere Version:

Notiert nun zwei Versionen, die euch gefallen haben!

1. Durchgang: (Bausteine farbig markieren!)

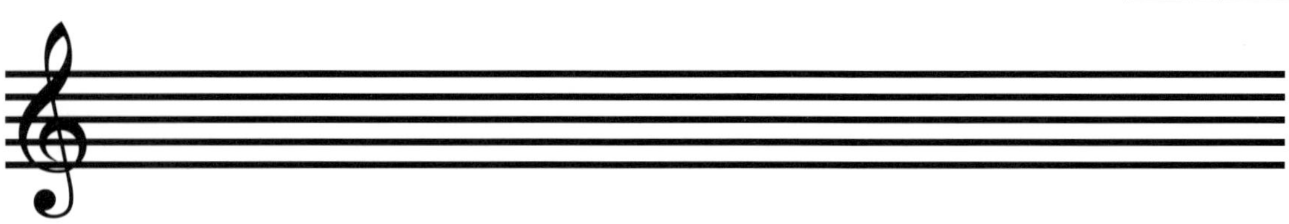

2. Durchgang: (Bausteine farbig markieren!)

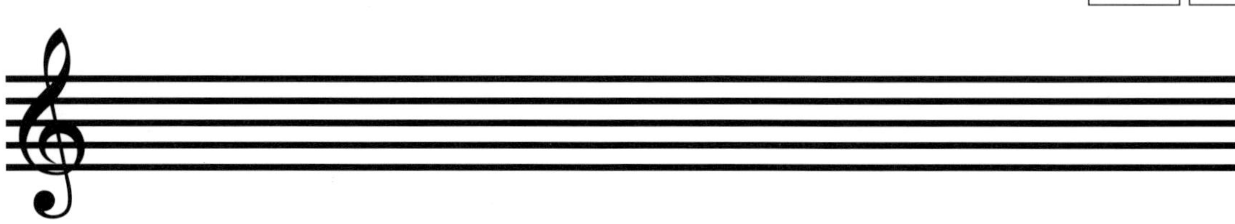

Arbeitsauftrag

Melodie 1

(für schülereigene Instrumente)

Gruppenname:

1. Gruppenregeln einhalten.
2. Wer ist euer Gruppensprecher? ______________________
3. Eure Komposition wird aus drei Bausteinen (A, B, C) bestehen. Tragt eure Namen ein:

Spielweise	Name:	Instrument:	Baustein:
beide Töne			A
beide Töne			
beide Töne			B
beide Töne			
beide Töne			C
beide Töne			

4. Der Gruppensprecher holt das Material ab.
5. Arbeitsblatt durchlesen und bearbeiten (mit Farben).
6. Üben. (beide Versionen nacheinander mit Wiederholung)
7. Präsentation.

Melodie 2

(für Schulinstrumente)

Gruppenname:

1. Gruppenregeln einhalten.
2. Wer ist euer Gruppensprecher? ____________________
3. Eure Komposition wird aus drei Bausteinen (A, B, C) bestehen.
   Tragt eure Namen ein:

Spielweise	Name:	Instrument:	Baustein:
beide Töne		Xylophon	A
beide Töne		Xylophon	
beide Töne		Glockenspiel	B
beide Töne		Glockenspiel	
beide Töne		Xylophon	C
beide Töne		Xylophon	

4. Der Gruppensprecher holt das Material ab.
5. Arbeitsblatt durchlesen und bearbeiten (mit Farben).
6. Üben. (beide Versionen nacheinander mit Wiederholung)
7. Präsentation.

Melodie

Folgende harmonische Bausteine stehen euch zur Verfügung:

A

B

C

Ein Durchgang besteht aus drei Bausteinen, die in beliebiger Reihenfolge kombiniert werden können. Ihr könnt die Reihenfolge der Noten innerhalb eines Bausteins auch ändern – also „rückwärts“ spielen.

Ihr habt nun die Aufgabe, zwei Versionen in beliebiger Reihenfolge zu „komponieren“!

Beispiel für einen Durchgang:

B	B	C

Unsere Version:

Notiert nun zwei Versionen, die euch gefallen haben:

1. Durchgang: (Bausteine farbig markieren.)

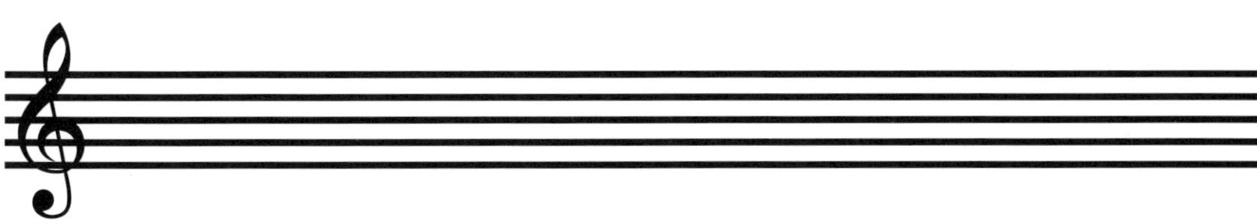

2. Durchgang: (Bausteine farbig markieren.)

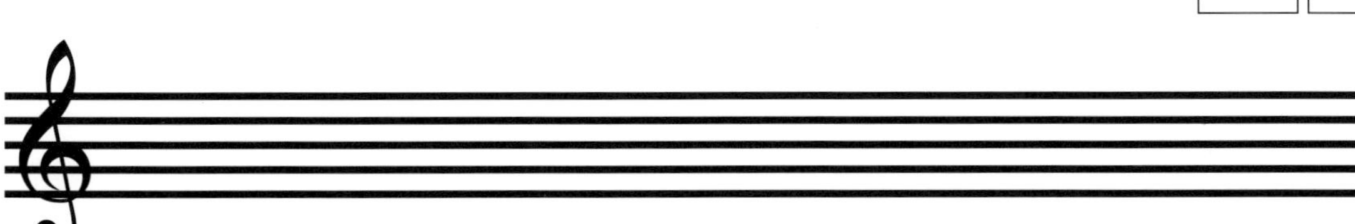

Arbeitsauftrag

Computer

Gruppenname:

1. Gruppenregeln einhalten.
2. Wer ist euer Gruppensprecher? ____________________
3. Für eure Komposition benötigt ihr folgende 4 Töne:

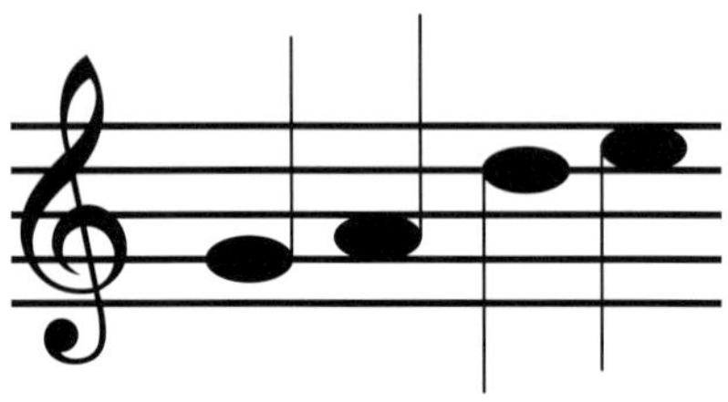

Diese Töne können auch oktaviert (↑oder↓) eingegeben werden

4. Jede Zeile eurer Komposition besteht aus 4 Takten.
   Baustein A besteht aus den oben abgebildeten Tönen, die in beliebiger Reihenfolge und den angegebenen Notenwerten kombiniert werden können. (im $\frac{4}{4}$ Takt)! In jeder folgenden Zeile müsst ihr eine kleine Veränderung vornehmen, indem ihr einen weiteren Ton einfügt. Die zweite Stimme setzt zwei Takte später ein (vgl. Kanon).

Baustein A	Baustein A	Baustein A	Baustein A
Baustein A'	Baustein A'	Baustein A'	Baustein A'
Baustein A''	Baustein A''	Baustein A''	Baustein A''
Baustein A'''	Baustein A'''	Baustein A'''	Baustein A'''

5. Komposition kontrollieren (anhören)!
6. Vorführung!

Arbeitsauftrag

✓ Wer ist euer/eure Gruppensprecher/in?

Name:____________________

✓ Nun habt ihr verschiedene Elemente, die ihr jetzt zu einer Minimal Music-Komposition zusammensetzen sollt:

Elemente	Namen
Melodie	1. 2.
Harmonie	1. 2.
Rhythmus	1. 2.

Nun seid ihr Komponisten!

✓ Grundschema erstellen: Jede/r trägt den Grundbaustein ein:

1. Rhythmusgruppe (hier dürfen die Durchgänge nicht zerlegt werden!)
2. Harmoniegruppe (Bausteine an Rhythmusgruppe anpassen)
3. Melodiegruppen (Bausteine an Rhythmus- und Harmoniegruppe anpassen)

✓ Übt das Grundschema.

✓ 1. Version: Neuer Baustein eintragen, danach üben.

✓ 2. Version: Weiteren Baustein eintragen, ebenfalls üben.

✓ Gesamtkomposition: Grundschema + 1. Version + 2. Version spielen.

✓ Präsentation

Namen der Komponisten:

Partitur für eure Komposition

	Grundschema	1. Version	2. Version
MELODIE			
HARMONIE			
RHYTHMUS			

Überlegt und notiert, wie eure Komposition heißen könnte! ____________________

Ergänzende, optionale Materialien

In diesem Kapitel haben wir weitere Materialien zusammengestellt, die variabel einsetzbar sind. Auch können diese Andere ersetzen oder zur Differenzierung für lernstarke Schüler eingesetzt werden; ebenso können sie als Hausaufgaben ausgegeben werden.

Thema:

Überblick über Moderne (Zeitgenössische) Musik nach 1950

Intention:

Die Schülerinnen und Schüler sollen in Gruppenarbeit durch das Anlegen einer Mind Map einen Überblick über die Musikstile nach 1950 bekommen.

Schematische Übersicht:

Einstieg:

„Modernes Chaos": Ordnung von Komponistennamen und Jahresdaten (Folie)
(ergänzend dazu Hörbeispiele)

Erarbeitung:

> Erstellen einer Mind Map in Gruppenarbeit (mit Hilfe einer Materialtheke, bestehend z.B. aus CD-ROMs, Lexika, Schulbücher, Tonträger-Booklets)
> Ausgabe eines Arbeitsblattes (Mind-Map-Vorlage)
> Ergebnissicherung

Mind Map (Arbeitsblatt)

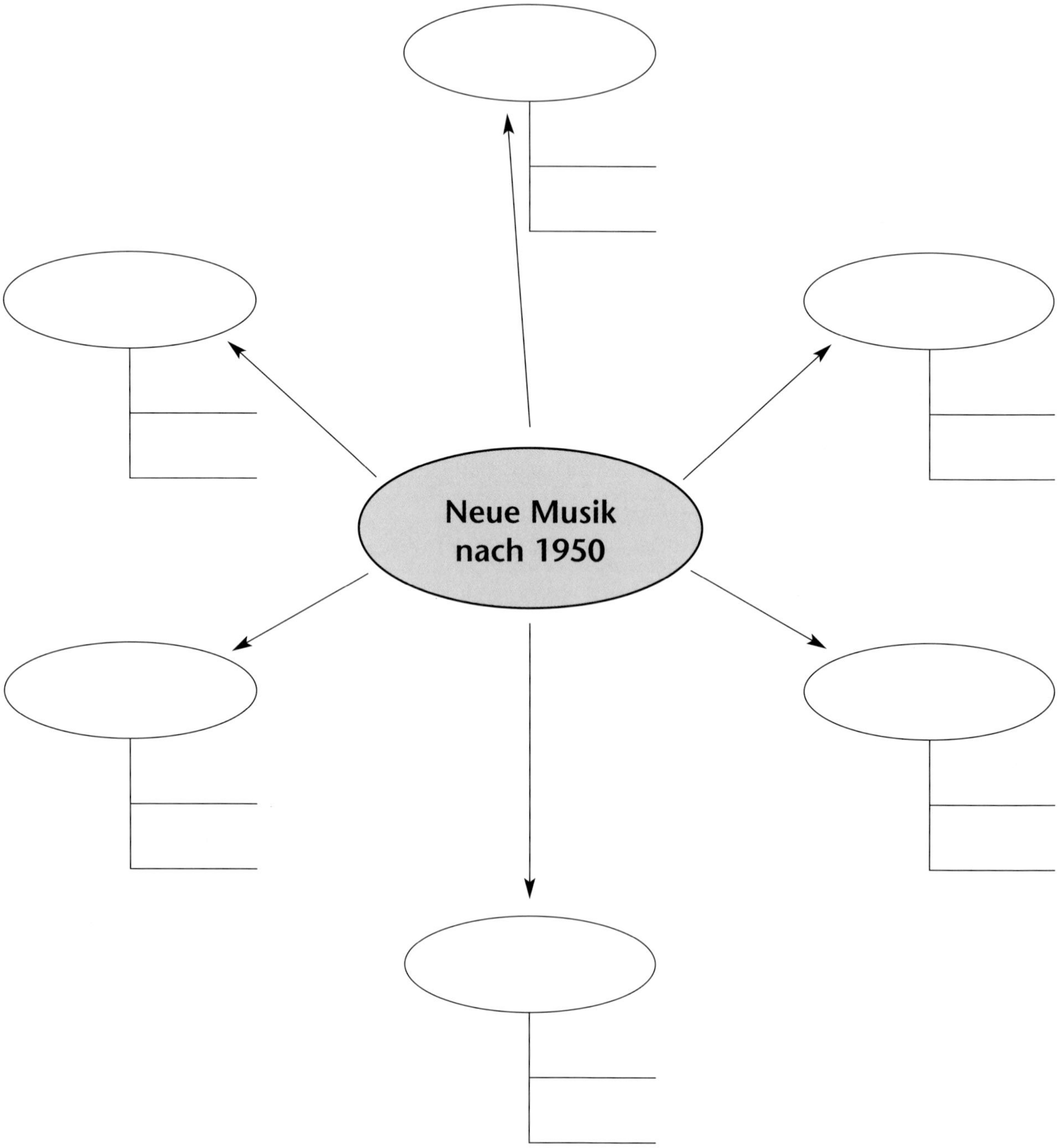

Aufgabe:

Trage die Kompositionsstile und ihre Komponisten in die Vorlage ein!
Die Medien aus der Materialtheke helfen dabei!

Erläuterung:

Die SchülerInnen sollen anhand von unterschiedlichen Materialien (Musikbücher, Lexika, CDs, Internetrecherche, ...) die Mind-Map-Vorlage ausfüllen, ergänzen.
TIPP: In der vorangestellten Stunde kann dieses Vorhaben angekündigt werden, damit die Klasse eigene Materialien mitbringen kann.

Bewertungsschema für Präsentationen

Versuche die Präsentation deiner Mitschüler zu bewerten!

	sehr gut	gut	weniger gut	nicht gut
Sicheres Vorspielen	☐	☐	☐	☐
Musikalisch gelungen	☐	☐	☐	☐
Gleichmäßiges Tempo	☐	☐	☐	☐
Differenzierte Lautstärke	☐	☐	☐	☐
Zusammenspiel	☐	☐	☐	☐
Gemeinsamer Anfang	☐	☐	☐	☐
Gemeinsamer Schluss	☐	☐	☐	☐
Konzentration	☐	☐	☐	☐
Sonstiges: ____________	☐	☐	☐	☐

✂--

Bewertungsschema für Präsentationen

Versuche die Präsentation deiner Mitschüler zu bewerten!

	sehr gut	gut	weniger gut	nicht gut
Sicheres Vorspielen	☐	☐	☐	☐
Musikalisch gelungen	☐	☐	☐	☐
Gleichmäßiges Tempo	☐	☐	☐	☐
Differenzierte Lautstärke	☐	☐	☐	☐
Zusammenspiel	☐	☐	☐	☐
Gemeinsamer Anfang	☐	☐	☐	☐
Gemeinsamer Schluss	☐	☐	☐	☐
Konzentration	☐	☐	☐	☐
Sonstiges: ____________	☐	☐	☐	☐

✂--

Bewertungsschema für Präsentationen

Versuche die Präsentation deiner Mitschüler zu bewerten!

	sehr gut	gut	weniger gut	nicht gut
Sicheres Vorspielen	☐	☐	☐	☐
Musikalisch gelungen	☐	☐	☐	☐
Gleichmäßiges Tempo	☐	☐	☐	☐
Differenzierte Lautstärke	☐	☐	☐	☐
Zusammenspiel	☐	☐	☐	☐
Gemeinsamer Anfang	☐	☐	☐	☐
Gemeinsamer Schluss	☐	☐	☐	☐
Konzentration	☐	☐	☐	☐
Sonstiges: ____________	☐	☐	☐	☐

✂--

Bewertungsschema für Präsentationen

Versuche die Präsentation deiner Mitschüler zu bewerten!

	sehr gut	gut	weniger gut	nicht gut
Sicheres Vorspielen	☐	☐	☐	☐
Musikalisch gelungen	☐	☐	☐	☐
Gleichmäßiges Tempo	☐	☐	☐	☐
Differenzierte Lautstärke	☐	☐	☐	☐
Zusammenspiel	☐	☐	☐	☐
Gemeinsamer Anfang	☐	☐	☐	☐
Gemeinsamer Schluss	☐	☐	☐	☐
Konzentration	☐	☐	☐	☐
Sonstiges: ____________	☐	☐	☐	☐

Quellenverzeichnis

- ✓ Abendroth, Walter: *Kurze Geschichte der Musik.* Bärenreiter Verlag Kassel 1994.
- ✓ Boulez, Pierre: *Wille und Zufall: Gespräche mit Célestin Deliége und Hans Mayer;* Belser Verlag. Stuttgart und Zürich 1977
- ✓ Meierott, Lenz (Hg.): *Karl H. Wörner – Geschichte der Musik.* (8. Auflage) Verlag Vandenhoeck & Ruprecht, Göttingen 1993
- ✓ Michels, Ulrich: *dtv-Atlas zur Musik – Tafeln und Texte, Band 1 und 2.* (19. Auflage) Deutscher Taschenbuch Verlag, München 2001
- ✓ Sussmann, Franz: *„Am Rande der Stille"* in: Musik und Bildung 06/1998, Verlag B. Schott's Söhne Mainz 1999
- ✓ Zimmerschied, Dieter: *Perspektiven Neuer Musik: Material und didaktische Information.* Verlag B. Schott's Söhne Mainz 1974

Web-Linkliste:

- ✓ www.philipglass.com
- ✓ www.arvopart.org
- ✓ www.klassik.com/people

Fotos:

- ✓ Booklet zu Arvo Pärt „Miserere"
- ✓ www.philipglass.com
- ✓ www.exclusive-photos.com